JN078421

民間企業が自治体から仕事を受注する方法

アプローチから企画提案・入札まで

古田智子・川畑隆一
Tomoko Furuta / Ryuichi Kawabata

日本実業出版社

まえがき

本書は、都道府県や市区町村、すなわち自治体（地方自治体）から仕事を受注するためのアプローチの仕方や具体的な営業の手法を解説する一冊です。

数ある書籍のうち、本書を選んでいただきありがとうございます。

お手にとっていただいたということは、おそらく、本書のタイトル通り、「民間企業が自治体から仕事を受注する方法」について、なんらかのご興味、もしくは具体的な「お困りごと」をお持ちなのではないでしょうか。

著者である私たちも、営業担当やコンサルタントとして、自治体ビジネスにおけるさまざまな「お困りごと」を経験しながらも、仕事を通じて多くの自治体職員の方々からいろいろなことを学び、試行錯誤しながら、一歩ずつ課題をクリアしてきました。

かつての私たちがそうだったように、自治体への営業活動の過程で直面する「こういったときはどう進めたらいいんだろう？」「周りに相談できる先輩や専門家がいない……」などといった疑問や悩みに少しでも応えたい——本書が生まれたきっかけは、まさにそこにあります。

自治体営業での課題は、営業活動の進み具合によってさまざまです。

最初のアプローチから、予算枠の獲得、入札や企画競争（プロポーザルともいいます）、受注後のプロジェクトマネジメント、そして売り上げを伸ばしながら常に自治体ビジネス市場で選ばれる存在になる、つまり自治体のほうから声をかけてもらえるようになるための事業開発やマーケティング活動まで。

このように上流から下流、その先まで、あらゆる段階で課題と、それらをクリアするためのポイントがあります。

ただ、自治体ビジネスの領域がどんなにプロセスが多くても、基本は一緒。まずは受注から。一件でも多く案件を受注し、自治体ビジネス市場に参戦しないことには始まりません。

そこで本書では、このように幅広い自治体営業の中から「自治体から仕事を受注するまで」のプロセスを主に取り扱うことにしました。

本書をご覧になっている皆さまの事業領域や自治体営業についての取り組みの度合いはさまざまでしょう。

まだ自治体営業に取り組んだことのない、もしくは経験の浅い企業の担当者の方であれば、最初から一通り読んでいただくことで、自治体営業のおおよその全体像をつかんでいただけると思います。

また、すでに自治体営業にある程度取り組んでおられるのであれば、それぞれの会社の具体的な課題に合わせて、該当するページをめくっていただく形でもお役に立てるはずです。

なお、本書は２名で共同執筆しています。

序章と第１、２、３、５、７章は古田が、第４、６章と付録は川畑が、それぞれ専門性を生かして書き下ろしました。

さあ、まずはページをめくってください。誰にでも開かれている自治体ビジネスへの、ワクワクする挑戦を始めましょう！

2020年２月

古田智子

川畑隆一

アプローチから企画提案・入札まで

民間企業が自治体から仕事を受注する方法●目次

第1章 そもそも地方自治体って何だろう

第2章 自治体の各部署の仕事

第3章 何から始める？　自治体ビジネス

第4章 エントリーと入札の仕方を知ろう

第5章 プロポーザルに挑戦してみよう

付録 官庁に営業に行こう

カバーデザイン／冨澤崇（EBrarch）
本文DTP／一企画

この本のトリセツ

本書は、自治体営業をまだしたことのない企業はもちろん、すでに取り組みを始めている企業の担当者の方にも、役立つ内容となっています。

具体的なメリットは以下に挙げたようなものです。

■自治体ビジネスに取り組んだことがない・経験の浅い企業の方へ

- 営業活動に必要な自治体組織運営の全体像がわかる
- 自治体に営業に行くとき、どんな資料を持っていけばいいのかがわかる
- 自治体へのアポイントのとり方がわかる
- 自社の製品やサービスを自治体に導入してもらえる可能性がわかる
- 自社の製品やサービスについて、自治体のどの部署に営業をかければいいのかがわかる
- 商談の場で、どのようにコミュニケーションをとったらいいのかがわかる
- 自治体営業に必要なさまざまな情報のありかや入手の仕方がわかる

■自治体ビジネスに参入したものの成果が思うように出ない企業の方へ

- 自治体営業活動のどこに問題があるのかがわかる
- 自治体営業について、いつ、何を、どのようにアプローチすればいいのかがわかる
- ライバル企業を制して有利に営業を進めるための対策がわかる
- 自治体営業担当者に必要な教育内容がわかる
- 入札価格の見極めに役立つ情報の入手方法がわかる
- プロポーザル（企画競争）の企画提案書の各項目で、何をどのように表現すると勝率が高まるのか、ポイントがわかる

■自治体ビジネスに以前から取り組んできたが、最近勝率が上がらない企業の方へ

- 入札を有利に進めるため前年度から仕掛ける営業活動について、ブラッシュアップのポイントがわかる
- 総合評価落札方式、プロポーザルで競合他社を制する戦い方がわかる
- 公告後の勝負より前に、自治体市場で先んじて優位なポジションを獲得する方法を知ることができる

それぞれの自治体ビジネスのご経験に応じて、ぜひ「知りたいこと」を手に入れてください。

素朴な疑問を持つ方のためのQ&A

Q1 そもそも自治体が営業先になるの？

A1 はい、営業先になります。

自治体といえば、多くの一般市民が、普段は納税や住民票の申請などでしかかかわりがない、いわゆる「お役所」をイメージされるでしょう。

こんなお役所ですが、驚くほど幅広い領域で民間企業にお仕事を出しています。公共工事などが代表的なものですが、昨今の社会情勢の変化に伴い、お仕事の領域がとても幅広くなっています。特にソフト事業・サービス業の広がりは特筆もの。多くの民間企業が、自治体に当たり前のように営業に行くようになっています。

Q2 大手企業と裏で取引のある「出来レース」市場なのでは？

A2 いいえ、違います。中小企業も自治体をはじめ、自治体から多くの仕事を受注しています。

「大手企業と官公庁は、いつも裏で手を組んで暴利を貪っている」――こんなイメージが根強いのはとても残念なことです。実は、大手企業よ

■自治体営業ってどうなの？

りも、むしろ中小企業のほうが、市場全体の受注金額でいうとはるかに大きいのが現実です（48ページのグラフを参照）。

特に知っていただきたいのが、中小企業にもっと官公庁のお仕事を受注してもらいたいという趣旨から制定された法律の存在。その名も「官公需についての中小企業者の受注の確保に関する法律」。1966年に制定された古い法律ですが、この法律に基づいて、中小企業者が官公庁の業務を受注しやすくする施策が定められています。

特に第８条には「地方公共団体は、国の施策に準じて、中小企業者の受注の機会を確保するために必要な施策を講ずるように努めなければならない」とあり、各自治体がベンチャー企業の優遇策を出したり、自治体の仕事について興味がある企業のための相談窓口を設置したりと、門戸を広げています。

Q3 価格を下げないと仕事がとれないんじゃないの？

A3 いいえ、低価格は必ずしも受注の要件にはなりません。

自治体が民間企業に仕事を発注するときには、発注先企業を選ぶための方法がいくつか決められています。

複数の企業の中から、一番価格が安いところに発注するのが、「競争入札」と呼ばれる方法。自治体の発注方法として、多くの方がご存知の方法です。

でも、競争入札は企業選びの方法の一部。価格以外の要素も評価対象に入れる「総合評価落札方式」、企画提案書とプレゼンテーションで選ぶ「プロポーザル」（企画競争）などがあり、必ずしも安ければ受注できるというものではありません。

逆に、優れた技術やノウハウがあれば、価格競争に巻き込まれにくい市場ともいうこともできます。

Q4 自治体からの仕事を受注しても利益どころか赤字になるのでは？

A4 いいえ、しっかり利益を出すことができます。

赤字になる原因は、実は企業が自ら作ってしまうことが多いことをご存知でしょうか。それは、官公庁との折衝や調整のポイントを知らないから。

特に自治体は、「少ない財源の効果をいかに最大化するか」に徹底してこだわってきます。それに流されてしまうと、いつの間にか利幅が薄くなる仕事内容になることも確かにあります。

こうしたことは、折衝のポイントを押さえて対応すると、利益をきちんと確保できるだけでなく、対等なパートナーとして尊重されるようになります。

Q5 一度仕事を断ると二度と仕事が来ないって聞くけど本当？

A5 いいえ、断ったとしてもまた受注活動を展開できます。

「一度断ると二度と仕事が来ない」――自治体ビジネスに参入しようとしている民間企業からよくこうした声を聞きますが、まさにこれこそ都市伝説。入札を落札した後でいきなり辞退すると指名停止になることはありますが、そうしたケースは、入札前に仕事内容を見誤っていたり予算感を甘く見積もっていたりなど、企業自らが原因を作っていることがほとんど。仮に指名停止になったとしても、期間限定でのことです。またチャンスは公平に訪れます。

プロポーザルの場合、参加表明の後にやっぱり辞退したい、ということになれば、「辞退届を出す」という決められた手続きを踏めば何も問題ありません。

ましてや自治体との営業折衝段階で依頼される諸々の要求は、難しいならはっきり「ノー」と口にしましょう。通常、民間営業でも同じ対応をしているはずですよね。できることとできないことがあるのは、相手が民間であろうが自治体であろうが同じです。

いかがでしょうか。ここまでお読みになって自治体ビジネスに対する抵抗が随分薄れてきませんか。ただ、だからといって油断してはいけません。次の序章では、自治体ビジネスでやりがちな失敗例を挙げ、それを防ぐためにはどうすればいいのか見ていきます。

序章

自治体営業あるある失敗例
～だからあなたは受注できない！～

最初に、自治体営業で失敗してしまう代表例をケーススタディーとして紹介しましょう。なぜ失敗するのかがわかれば、自治体営業においてどのような知識を身につければいいのかが見えてきます。

失敗 1

市長を紹介してもらったのに仕事が来ない

32歳、事業開発部門に所属している佐藤さん（仮名）。システム開発を主力サービスとするIT関係の会社で働いています。

2カ月ほど前、人脈紹介のコンサルタント経由でA市の市長を紹介してもらい、自社サービスのプレゼンテーションをすることになりました。プレゼン資料のデザインもバッチリ、上場企業との取引実績もしっかり明記。当日、市役所に行くと、秘書課の職員に案内されて市長の待つ市長室へ通されました。

プレゼンテーションは15分ほど。カラーで印刷した資料を渡し、一つひとつ丁寧に、ときには熱く自社サービスの良さをアピール。市長の反応は上々で、「ぜひ当市で導入したいですね、また連絡します」とコメントをもらいました。とてもいい感触で、気持ちよく市長室を後にしました。

ところがその後、何週間たっても連絡がありません。業を煮やして1カ月後に電話したのですが、秘書課の職員は「市長は外出です」と繰り返すばかり。その後何度連絡しても市長は捕まらず、結局そのままになって現在に至っています。

解説 市長や知事を紹介してもらって自社製品やサービスをご案内しても、そのあとの仕事につながらない。組織のトップに直接営業したのに一体なぜ？　実はこれ、自治体営業で陥る典型的な負けパターンなのです。

民間企業ですと、組織のトップである社長が「よし、これで行こう！」と鶴の一声で意志決定すれば、それで採用は決まり。それなのになぜ、市長にプレゼンしたにもかかわらず、佐藤さんはうまく話をまとめられなかったのでしょうか。

実は、地方自治体の長である知事や市長（首長といいます）は、選挙で選ばれた地域のリーダー。ですが、厳密にいうと仕事の発注権限者という意味でのトップではありません。特に民間企業に仕事を発注する「調達」の分野では、公平性の観点から、原則として市長が影響力を行使できない仕組みとなっているのです。

多くの民間企業がこの点を思い違いしており、なんとかツテをたどって首長に会って、プレゼンして、それで終わりという痛い結果になってしまっています。

押さえなければならないのは、地方自治体と民間企業は、組織の仕組みや運営が全く違うということ。この違いと自治体が仕事を発注する仕組みを押さえれば、こうしたお粗末な営業をしなくて済むようになります。

失敗２

営業トークが刺さらない

40歳の鈴木さん（仮名）は、自動車販売会社で長年トップセールスに君臨。その営業力とコミュニケーション力、そして根性を見込まれ、広告代理店に引き抜かれて営業部門に配属されました。

地方創生の機運の高まりのなか、シティプロモーションの分野で地方自治体と取引をしたい――鈴木さんはこのような会社の方針で、自社のプロモーションサービスについての営業のためにＢ市に行くことに。

Ｂ市の広報課にアポイントを取り、同席した職員にいつものように営業トーク。お客様の心を掴み、数え切れないほどの車を売ってきたコミュニケーション力で商談を展開しました。

ところが、職員の反応が思わしくありません。表情も変化がなく、話題を投げかけても淡々とした受け答えです。最後にクロージングを試みたところ、応対した職員の言葉は、「また機会があったらよろしくお願い致します」。

なぜ終話になったのか理解できないまま、鈴木さんは自信を失いつつ広報課を後にしたのでした。

解説　鈴木さん、心中お察しして有り余ります。「自治体職員はなんてアタマが硬いんだ！」と半ば捨て台詞のようなフレーズがぐるぐる心に渦巻きますよね。営業に自信がある方ほど、鈴木さんのようなご経験をされているのではないでしょうか。

振り返りのポイントは２つあります。

１つは、鈴木さんのトークは、自治体職員の心に刺さらなかったということ。「刺さらなかった」ということは、自治体職員のニーズ、つまり「知りたいことや求めることは何か別のところにあったのでは？」ということです。

もう１つのポイント。このケース、これで終わりだったんでしょうか？実は、本当に「次の機会」があったら、鈴木さんの会社のサービスを採用してもらえるかもしれません。であるならば、自治体職員とのコミュニケーションの仕方を考え直す必要がありそうですね。

自治体職員の心には、何が刺さるのか。その「何か」を知るヒントは、どこにあるのか。そもそも、どのようにコミュニケーションをとるべきなのか。

どうやら、地方自治体職員とのコミュニケーションを、組織の違いから見直すところに打開策がありそうです。

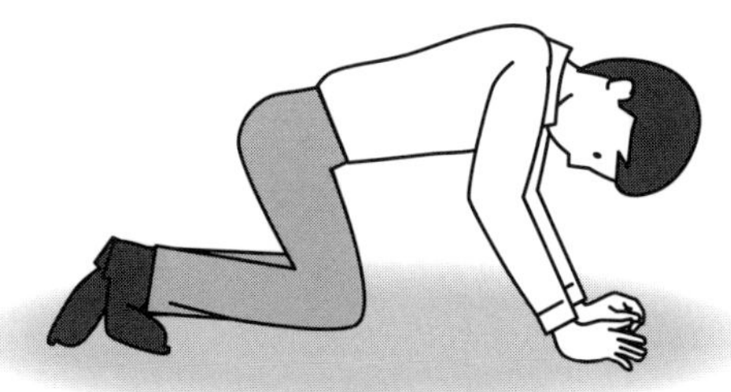

失敗３

DMを一斉送信したものの、反応ほぼゼロ

28歳の高橋さん（仮名）。研修会社の営業担当ウーマンです。創業７期目と比較的新しい会社ですが、受講者参加型・体験型の研修プログラムが好評で、業績は好調です。このたび会社の方針で、地方自治体の職員研修の受注を目指すことになりました。

高橋さんは、いつもやっている営業手法のように、まずはDM（ダイレクトメール）郵送先のリストを作りました。ターゲットとする地方自治体は、自社がある東京都新宿区から時間をかけて訪問しなくても済む関東地方の自治体、約300団体をリストアップしました。

いまは11月。時期的にもちょうどいいな、と高橋さんは思いました。翌年４月からの新人研修の依頼先を選ぶのには５カ月もあれば十分と考えたからです。いつも使っているDM資料発送代行業者に依頼し、各自治体の人事担当者宛てにDMを郵送しました。

ちょうどDMが到着する見込みの２日後から、高橋さんはフォローのための電話をかけ始めました。

ところが、結果は、「届いていません」「目を通してこちらから連絡します」「予算がありません」――自治体の返答は、この３つのパターンばかり。その後１カ月にわたり電話をかけ続けましたが、結果として１件も成約に至りませんでした。

解説 民間企業では当たり前のように活用されているDMですが、自治体に対しては効果があるのでしょうか？　自治体にDMを一斉発送したものの、期待される効果が得られない――さて、どうしてでしょうか？

いくつか理由が考えられますが、一番大きなポイントは「時期」。地

方自治体は、民間企業に依頼する仕事の内容と費用を、前の年の９～10月頃に決めてしまっていることがほとんどです。

このケースでは、DMを送ったのが11月ですよね。多くの自治体が、すでに次の年に民間企業に発注する業務と予算の案をほぼ決めてしまっている時期です。DMが刺さらなかった一番大きな理由は、情報を提供する時期を外していたから、といえそうです。

自社の製品やサービスを自治体に案内するためには、内容以前にまずは時期。ここをしっかりと踏まえておきましょう。

失敗 4

「予算がない」と言われて終わる

25歳の田中さん（仮名）。学生時代のIT企業でのアルバイト経験を生かし、大学卒業後に起業。プログラミングを指導したり、起業家のウェブ制作を請け負う小さな会社を経営しています。

これからはプログラミングをマスターするのが世界と戦うために必要、との想いを強く持つ田中さん。グローバル教育への思いを胸に、小学生向けのプログラミング教室を事業化したいと考え、C市の教育委員会に企画を持ち込むことに。

これからの小学生へのプログラミング教育がいかに必要であるかを一所懸命に語った田中さん。応対した2名の職員は、いくつか田中さんに質問した後、最終的には「素晴らしい企画だと思いますが、当市には予算がありません」と言われてしまいました。

提示した事業費は、まずはトライアルで始めやすいように3回で15万円と安く抑えたつもりだった田中さんには、なんともショックな一言。「そんなにお金がないようには見えないのになぁ」と呟きつつ、自治体庁舎を後にしたのでした。

解説 さて、田中さんのこのケース。「予算がありません」という自治体の伝家の宝刀ともいうべき一言で、あえなく撃沈してしまいましたね。

自社の製品やサービスのパンフレットを持って説明に行ったり、企画提案書を持ち込んでプレゼンしたものの、田中さんと同じ目に遭った、という方も多いのではないでしょうか。

自治体職員から「予算がない」と言われたときには、3つの原因が考えられます。

まず１つ目。予算がないのではなく、「予算を締め切ってしまった」というケース。これは、前の22〜23ページでご紹介した高橋さんと同じような状況ですね。11月から３月にかけては、こう言われてやんわりと断られるのがとても多い時期です。

２つ目。そもそも自治体の教育のコンセプトに「グローバル教育」や「プログラミング教育」という考え方が入っていないというケース。地方自治体は、行政サービスの各分野で向こう５年から10年先を見据えた中長期計画を作っています。その中長期計画で掲げられている方向性と自社が提案した事業の方向性がすり合っていなければ、どんなに完成度が高い提案でも採用されません。

最後の３つ目。本当に予算がない、予算がとれないというケース。新しい事業をやりたくても、予算編成方針などで事業化できない自治体もあったりします。この辺りは、自治体の予算に関する知識があれば回避することができます。

いずれにせよ、自治体予算に関するさまざまな知識を身につけておくと、第二・第三の田中さんにならなくて済むことでしょう。

失敗５

「見積もりください」と言われたものの……

45歳の山口さん（仮名）。防災関連のさまざまな製品を開発、販売している会社の営業担当です。この年は豪雨や台風、地震などの自然災害が多く、民間企業からの問い合わせが激増。営業マンとして大忙しな日々を送っていました。

そんなある日、受けた電話はＤ市の危機管理課から。太陽光でスマートフォンの充電ができる製品100個について見積もりが欲しい、とのことでした。

地方自治体から連絡があったのは初めてで、「役所もこうした製品の見積もり依頼するんだ！」とびっくりした山口さん。「いつまでにご提出すればいいでしょうか」と尋ねたところ、明日中にとのこと。Ｄ市の危機管理課はずいぶん急いでいるようです。すぐに見積もりを作り、担当者にメールで送りました。

その１週間後、山口さんは担当職員に連絡し、いかがでしたかと尋ねたところ、「参考になりました。ありがとうございました」と、なんだか話が噛み合いません。

「製品が欲しくて見積もりを依頼したのではなかったのか？」と釈然としない山口さんは電話を切りました。結局その後、Ｄ市から発注依頼はありませんでした。

解説 自治体からの見積もり依頼が来た。これで来月の売上高、もう少しいけそうだな――と思うのはちょっと待ってください。

自治体が外部に見積もりを依頼するのは、自治体内部の状況によって目的が違います。

よくあるケースは、次年度の予算の枠取りのための価格調査。山口さんは今回、自社への製品の発注かと当然考えたわけです。一方自治体は、次年度予算の価格感を調べる段階で複数の企業から見積もりをとって、だいたいの予算規模を見極めます。

つまり、製品がすぐに欲しくて見積もりを取ったのではなく、あくまでも内部資料作りを目的とした見積もり依頼だったわけです。

こうした次年度予算のための見積もり依頼は、年間でいうと10月前後に集中します。では、この時期に自治体からの見積もり依頼があったときは、自社にメリットもないし適当にあしらってスルーでOK——なのでしょうか？

答えはノー。自治体が次年度の予算をとるための見積もりであれば、次年度自社の製品を採用してもらいやすくするための「仕掛け」をする千載一遇のチャンスなのです。

自治体は地域住民から集めた税を原資としてさまざまな事業を行うため、一般競争入札や企画競争などの定められたプロセスで、発注先企業をフェアに決めなければなりません。

ただし、前年度から営業を先行している会社は、自社にとって有利になるように進められる——それもフェアな方法があるのです。自治体の仕事で常連の企業は誰もがやっているこの方法、山口さんも知っていればよかったですね。

失敗６

何度入札しても落札できない

38歳の大野さん（仮名）は、調査会社の営業開発部の係長。民間市場の成長が頭打ちとなり、３年ほど前から会社の方針で自治体ビジネスへ参入しました。現在は、自治体が発注する住民意識調査などの調査業務の受注に取り組んでいます。

検索サイトで自治体の入札案件を見つけては入札に挑戦するのですが、何度入札してもなかなか勝てません。どのくらいの価格か、毎回全く見当がつかないのです。高すぎれば落札できませんし、安すぎても利益度外視になってしまいます。

ある日大野さんは意を決し、自治体の担当部署に電話をしました。「ざっくりでいいので予算を教えていただけませんか？」と職員に尋ねたところ、「予定価格は一切開示できません」。冷たく言い放たれ、けんもほろろに電話を切られました。

このように価格がわからないこともありますが、さらに困っているのが入札関連の文書の記載内容の難しさ。漢字と見慣れない用語のオンパレードで、何を意味しているのか理解するのに時間を要してしまいます。その結果、提出しなければならない書類を忘れたり、細かいルールなどを見落としてしまい、実際に入札までたどり着けないことも。

以前たまたま落札できたときは、赤字覚悟で通常の半額以下の金額。当然のことながら大赤字の仕事になってしまい、これ以上、会社の利益を圧迫することはできません。

大野さんの憂鬱な入札は、まだまだ続きそうです。

解説 地方自治体が発注企業を決める方法の一つ、入札。価格を決めて入札するだけなのですが、誰もが悩むのが「一体いくらで入札すれ

ばいいのか」という価格の問題です。

ちなみにこのケースで田中さんが思い余って自治体に電話をし、予算感を聞いて断られましたが、これは絶対に企業がやってはいけないこと。予定価格を聞き出そうとする行為は、自治体にとって「不当な働きかけ」とみなされ、指名停止（民間の世界でいうところの出入り禁止）となってしまいかねません。

今回、大野さんは悪気なく電話してしまい、自治体職員も実はそれがわかって応対していたのです。大事にならなかったのは不幸中の幸いでした。

さて、予定価格が開示されない入札で、価格設定をどうしたらいいのかはどの企業も悩むところですよね。もちろん複数の会社が入札する場合は相手次第なのですが、全く価格の見当がつかないかというと、そうではありません。地方自治体が開示している情報から、おおよその価格帯を見極められるケースが少なからずあるのです。

地方自治体は、驚くほど多くの情報をウェブサイトなどで開示しています。大野さんもこうした情報源をしっかり集めて、これからは入札の価格戦略を立てて臨みたいところですね。

失敗７

徹夜で企画提案書を作って提出、そして負けるの繰り返し

36歳の山田さん（仮名）は、印刷業・ウェブ制作業を営む中小企業の営業担当です。同業他社が自治体から、企画提案書とプレゼンテーションによるプロポーザルで、大口の契約をいくつも受託しているということを耳にした社長の意向で、ある日、自治体案件の受注担当者として売上を上げるようにと突然、指名されました。専任ではなく、民間企業への営業との兼任です。

その後、たった一人で挑戦し続けること１年間。一向に仕事がとれない山田さん。勝ち負け以前に、とにかく企画提案書に割く時間がとれないのです。

毎日、通常業務の外回りから19時頃帰社し、その後、案件情報をネットで調べています。通常の仕事に追われていると、あっという間に締め切り間近に。提出期限の数日前からやっと企画提案書作りを始め、提出前日は毎回徹夜です。

朝までかかってようやく仕上げ、ボーッとなった頭で提出の手続きを終えるも、後で細かいルールを見落としていたり、資料の不備があることに気づくことも。

一番最近の企画提案書では、あろうことか「会社名や社名がわかるような表記は使わないこと」という自治体から出された企画提案書作成要領のルールを見逃して作成してしまいました。

会社のロゴが入っているテンプレートで企画提案書を作り、それどころか社名をバンバン入れた業務実績まで堂々と提出……。結果はもちろん、「負け」です。

せめてもう一人担当者を置いてもらえないかと上司に相談してみましたが、「結果を出してからそういう相談は持ってこい！」と取り合って

もらえません。

誰にもわかってもらえず、相談もできない状況での出口が見えない挑戦に、山田さんの気持ちは折れる寸前です。

解説 さて、この山田さんのケース。自治体発注案件で最近増えた企業選定方法が、企画提案書とプレゼンテーションで発注企業を決める「プロポーザル」(「企画競争」ともいいます)です。

もう、結論からいいますね。「一人で戦っても安定的に勝てない」のがプロポーザルなのです。

主な理由は2つ。これは、特に管理職や経営者の方には肝に命じてほしいところです。

第1の理由は、一人だと見落としリスクがあるということ。自治体の企画提案書への応募に関しては細かいルールが定められています。実施要領などは、数字と漢字のオンパレードのうえ、民間企業の仕事にはなじみのない用語がいっぱいあります。

自分の仕事が一段落ついた後の疲れた頭では、どうしても見落としが発生しがちです。せめて企画提案書の読み合わせや提出物のルールのチェックだけでも二人体制で進めれば、こうしたことは起きないはずです。

第2の理由。プロポーザルは短期決戦なのでスケジュール管理が難しいということが挙げられます。通常、プロポーザルが公告されてから企画提案書の提出まで3週間あればいいほうです。短い場合は1週間程度のことも。

企画提案書の作成は、担当者がほかの仕事と兼任している場合が多く、通常業務との兼ね合いのとり方が大変難しいものです。メンバーの時間的リソースを明確にして、少人数かつ短期間のプロジェクトマネジメントだと考え、進行管理する必要があります。

失敗８

企画提案書は完璧、プレゼンも完璧、なのに勝てない

33歳、広告代理店勤務の山本さん（仮名）は、美術大学を卒業し、クリエイターとしての心得もある営業担当者。コミュニケーション力も豊かで人脈も広く、異業種交流会などでもいつも人に囲まれる人気者です。

民間企業相手の営業では、デザイン力とセンスを最大限発揮し、パワーポイントを駆使したプレゼンテーションで数々の受注をいままで上げてきました。

最近の自治体はシティプロモーションに力を入れているらしく、企画競争（プロポーザル）で民間企業に対して仕事が多数発注されている――そうした情報をつかんだ会社が、山本さんに自治体からの仕事の受注を指示したのは半年前のこと。

山本さんは、ネットで企画競争案件の公募を調べ、ここ半年間10件近くの案件にトライ。ところが、いまのところ１件も受注に至りません。

案件の内容は、プロモーション関係の動画の制作、ポスターのレイアウトなど、山本さんが得意なものばかり。優れたデザインをいつも最低３案は出しています。

パワーポイントで作成した企画提案書は、いままで培ってきたデザイン力を生かしてとてもハイセンス。プレゼンテーションも持ち前のコミュニケーション力を駆使して、表現力豊かに提案の良さをアピール……。にもかかわらず、一件も勝てないのです。

こんなにスタイリッシュな提案で勝てないはずがない。自治体の職員が自分の提案のセンスを全く理解できていないんだ。なんて古くて頭の固い連中なんだ！

すっかり自信喪失の山本さん。勝てない理由を、自治体職員のセンスのなさにするしかありませんでした。

解説 全国の自治体が見舞われている人口減少。どの自治体も、住んでくれる人や遊びに来てくれる人を増やさなければ税収は減るばかり。そこで力を入れ始めたのが、シティプロモーションです。もともと自治体にとってシティプロモーションは未知の領域。そのようなわけで、多くの民間企業にシティプロモーションの仕事が発注されるようになりました。

さて、この山本さんのケース。実は、シティプロモーション案件のプロポーザルに挑戦する数多くの企業がつまづく典型例でもあります。特にデザイン系、クリエイター系が所属する制作会社に数多く見られます。

ここでご紹介したいのが、プロポーザルの定義。特にコンペとの比較で見ていきましょう。多くの方が考え違いをしているのが、プロポーザルとコンペの違いです。

デザインや設計の世界では「コンペ」という言葉がよく使われます。このコンペの定義は「提案を評価する」こと。だからこそ提案を複数出すことができるのですね。

一方、プロポーザルの定義はどのようなものでしょうか。それは「提案者を評価する」というものです。つまり、プロポーザルはデザインセンスやクリエイティブのオリジナリティだけを評価するだけのものではないのです。

提案内容も含め、あくまでも契約相手の組織を評価するということは、組織としての体制も大きな評価ポイント。個人のクリエイターのセンスに依存し、たった一人でプレゼンテーションに臨む——これでは、自治体が組みたい相手として評価されるのは、ちょっと難しいというわけです。

失敗 9

自治体職員が何を考えているかわからない

住宅関連会社に勤める44歳の野村さん（仮名）。課長職です。最近、社会問題になっている空き家問題をビジネスチャンスと捉え、３カ月前から自社のパンフレットを手に自治体の営業に回っています。

いくつかの自治体を回っているうちに、野村さんは漠然とした不安を感じるようになりました。アポイントの電話対応も、実際に会って相談をするときも、自治体職員が何を考えているのかが読めないのです。とにかく事務的で淡々としていて素っ気ない。

通常、民間企業への営業では、商談の最初はさまざまな雑談から入り、お互いの信頼関係、すなわち「ラポール」を構築します。

野村課長も自治体訪問時には、まず時事問題や趣味の話などをするのですが、あまり話が盛り上がりません。続いて自社の沿革や、空き家対策に臨む意気込みなどを熱く語っても、「そうですか」「はい、はい」「ご説明ありがとうございます」との返答で、職員の心に刺さっているのかどうかわかりません。

そして商談の最後では、「また機会があったらよろしくお願いします」とか、「上司に報告してからまたご連絡するかもしれません」などと、民間企業の場合は間違いなく終話確定の一言が。

見込みなしとして営業を切り上げるべきか、それとも継続すべきなのか。判断に迷い、自信をなくす野村課長でした。

解説 本書の読者の中には、自治体営業に実際に行ってみて、自治体職員の素っ気なさに心が折れそうになった、という経験がある方もいらっしゃるのではないでしょうか。

実は、これも自治体営業でよくある話なのです。自治体の職員は、「地方自治法」や「地方公務員法」といった法律にがんじがらめ。自治体職員は、公平性と透明性が厳しく求められ、特定の企業にだけ情報を渡したり、仕事の発注について脈があると思われるようなことを言ってはならないのです。

今回の野村課長のケースを見てみましょう。「また機会があったらよろしくお願いします」とは、自治体職員にとっては挨拶の決まり文句。「ぜひよろしくお願いします」と言ってしまうと、相手の企業、すなわち特定の企業に、「仕事があるぞ！」と受け止められかねない表現となってしまうからです。

こうした対応の背景には、自治体職員に課せられている厳しいコンプライアンス事情があります。営業担当者としては、営業対象である自治体のコンプライアンスや自治体組織独特のルールについても知っておく必要がありそうですね。

なぜ、こうした失敗が起こるのか？

まず、各自のケースをおさらいしてみましょう。

- **市長にプレゼンの佐藤さん**
  →市長に仕事上の発注権限がないということを知らない
- **トップセールス営業トークの鈴木さん**
  →自治体職員のニーズがわからない
- **DM一斉送信の高橋さん**
  →自治体に対する情報提供の適切な時期を知らない
- **プログラミング教育提案の田中さん**
  →自治体が予算枠をとる時期や計画の存在を知らない
- **防災関連製品の見積もり提出の山口さん**
  →自治体の見積もり依頼の目的を知らない
- **調査業務入札で勝てない大野さん**
  →予定価格に関するルール、予算情報のありかを知らない
- **徹夜で作成の企画提案書で負け続ける山田さん**
  →プロポーザルの戦い方を知らない
- **企画提案書もプレゼンも完璧なのに勝てない山本さん**
  →プロポーザルとコンペの違いを知らない
- **自治体職員が何を考えているのかわからない野村さん**
  →自治体職員を縛っているルールを知らない

いかがでしょうか。このおさらいで気づくのは、どのケースにも共通点があるということです。それは、地方自治体の組織の仕組みやルール、プロポーザルなどの仕事の発注の仕組みや特性、自治体職員とのコミュ

ニケーションを「知らない」ということ。「知らない」がゆえにこんなにたくさんの失敗が起こってしまうのです。

では逆に各ケースの登場人物がこれらを知っていたらどうでしょう。佐藤さんはプレゼンの相手を間違えることなく、キーマンにプレゼンして受注を勝ちとったでしょうし、DM一斉送信の高橋さんは、送信の時期を見極めて多くの自治体に自社のサービスを知ってもらい、受注につなげることができたでしょう。

そう、自治体ビジネスがうまくいくかどうかは「知っている」かどうかで決まるのです。「知っている」だけで、どんな企業でも成果を出すことができる市場、それが自治体ビジネス市場なのです。

そうすると、自治体ビジネス常連の民間企業がいるのも頷けますね。彼らはこうしたルールや組織特性を知っていてビジネスに結びつけることができているわけで、決して裏で何か怪しい動きをしているわけではないのです。

では、どうしたらこうした自治体ビジネスに必要な、自治体の組織特性やルールなどの知識を「得る」ことができるのでしょうか。

もちろん学校でも教えてくれませんし、働いている会社の先輩や上司も知らないというケースがほとんどです。つまり、社会生活をしている中で、自治体の仕組みやルールについて全体像を体系的に知る機会はほとんどないのです。

本書は、そんな悩みを抱える方々に、自治体ビジネスの内容について「知ってもらう」ことも大きな目的としています。知っているだけで、優れた技術やサービスを持つ民間企業が、自治体と取引する可能性が広がり、それが地域の人たちを幸せに、暮らしやすい社会の実現につながっていく。かかわったすべての人が幸せになるなんて、こんなに素敵なビジネスがあるでしょうか。

それぞれのケースに思い当たる方は、さっそく本書を読み進めてみてください。皆さんの自治体ビジネスを改善するだけでなく、加速させるヒントや情報が必ず見つかるはずです。

第1章

そもそも地方自治体って何だろう

地方自治体とは何か、なぜいま自治体ビジネスがクローズアップされているのか——まずはここを押さえましょう。また、自治体ビジネスを進めるうえで不可欠な自治体職員との向き合い方についても解説します。

1-1 地方自治体は巨大なオフラインコミュニティ

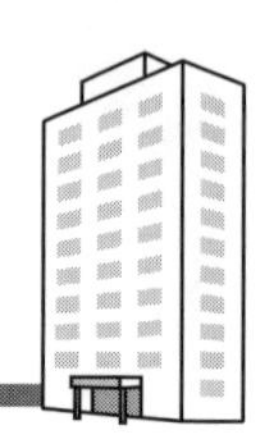

皆さんは民間企業に営業に行く際に、まず相手先の企業のことをしっかり調べてから訪問しませんか。例えばウェブサイトから会社概要や沿革、事業内容を確認したり、財務諸表に目を通したり——。

では、自治体に営業に行く際にはどうでしょう。実は、多くの営業担当者は、「地方自治体とは？」という問いにすら満足に答えられない状態で、自治体に営業に行っています。これではビジネスチャンスを見つけられないばかりか、先方と十分なコミュニケーションをとることも期待できないですよね。

というわけで、自治体に営業に行く前に、まずは相手先である「地方自治体」のことをよく理解しましょう。

まず、皆さんに驚愕の事実をお伝えしなければなりません。

それは、「地方自治体とは、皆さんご自身のである」という事実。

「ええ？」と皆さんの驚く顔が浮かびます。例えば、独立行政法人国際協力機構（JICA）のウェブサイトにおける地方自治体の解説では、以下のように「住民が人的構成要素」とはっきりと明記されています。

> 国の領土の一定の地域を基礎とし、その地域内における住民を人的構成要素として、その地域内の行政を行うために、国から付与された自治権を行使することを目的とする法人。

一人では無理なことを自治体に任せる

もう少し説明が必要ですね。

まず、皆さんは一人の人として社会生活をしています。日々、生きるため、あるいは社会の一員として生活するため、必要な活動がありますよね。「水を飲む」「子供を学校に通わせる」「具合が悪くなったら病院に行く」「道路を通って買い物に行く」などです。また、安全で安心に生活するために、身の回りに消防署や警察署があったり。質の高い生活をするために公園で憩いの時間を過ごしたり、スポーツセンターで汗を流したり……。

そのほかにも、生活していると困ったことにしばしば見舞われます。例えばお年寄りのお世話、障がいを持つ方の暮らしのサポートから、犬や猫が交通事故ではねられたときの死骸の片付けまで、それこそありとあらゆることが起こり得ます。

さて、これらの活動や社会生活で困ったことは、たった一人で解決できるものなのでしょうか？　答えはノー。水を飲むために自分一人で川まで水を汲みに行って飲めるようにきれいに浄水するとか、ツルハシを担いでえっさほいさ土木工事をして学校や道路を作るなんて、まず無理です。

一人では無理なので、誰かにこうした施設の整備や運営をしてもらう必要があります。だからその地域に住む大勢の人たちで、自分が住んでいる地域を暮らしやすくするために、みんなでお金を出し合うのです。

自治体組織は地域住民の事務局

では、お金を集めるだけで、学校や水道の設備が実現しますか？　これもノー。

すると、集まったお金を管理したり、どこにどんな設備を作ればいい

■「自治体というコミュニティ」の基本的な仕組み

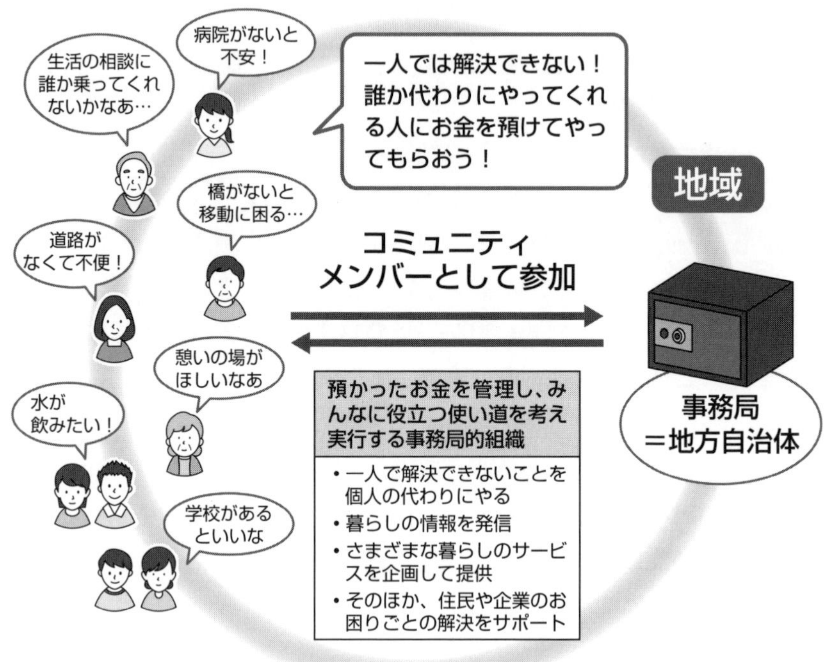

か、どんなお困りごとがあって、どうやって解決したらいいか、プランを立てて、段取りをつけて、実行する。いわば「事務局」が必要になってきますよね。

この「事務局」こそが、皆さんのお住いの地方自治体組織なのです。地域の人々が出し合ったお金をいったん預かって、しっかりと管理し、その使い道の効果を最大化するプランを考え、ストレスなく地域の市民が生活できるように、またお困りごとの解決のために実行する。地方自治体は、地域のみんなの事務局なのです。

そして、みんなで都市生活を送れるように、あるいは困ったことを解決するために出し合うお金が、「税」と呼ばれるものです。

税って、お上に取り立てられる「年貢」というイメージが根強くありませんか。

とんでもない！　年貢と税は全く性質が異なるもの。これはいままでのお話でおわかりいただけたのではないでしょうか。

年貢は権力者が自分の権勢を保つために力づくで庶民からむしりとるもの。一方、税は一人ひとりが自分の生活を支え、自分一人ではできないことを実現するために、みんなで出し合うもの。

その出し合った税を「いったん預かる」「みんなが幸せになる使い道を考えて計画を作る」「効果を最大化できるように使う」のが、地方自治体組織です。

だから、私たちは税を「払う」のではなく、「自分たちのために使うお金を事務局にいったん預ける」と考えるのが自然ですよね。

そうすると、地方自治体という事務局と皆さんの関係ってなんでしょうか。「住みやすい地域にしたい」「困ったことを解決したい」という、望む方向や目的は、自治体の事務局でも皆さんでも全く一緒ですよね。

つまり、自治体組織も、皆さんも、定義の用語を借りれば等しく地方自治体の「構成要素」、つまり地方自治体の構成員なのです。

地方自治体とは、「税」を預けることで参加権を手にすることができる、１万人の人口のまちなら１万人が、100万人都市なら100万人が、全員が参加する、いわば「巨大なオフラインコミュニティ」なのです。

1-2 これが自治体組織の全体像だ

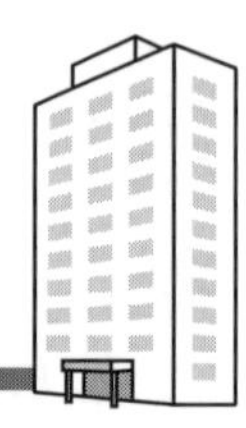

地域の事務局組織である地方自治体。どんな組織体制になっているのでしょうか。

皆さんは地方自治体の組織のトップは誰だとお考えでしょうか。市だったら市長、県だったら県知事。そうお答えになる方が大半でしょう。民間企業の営業なら、あなたの製品やサービスを買ってもらうことについて組織のトップである社長や役員がGOサインを出せば、地道に担当者に営業活動するよりもはるかに早いもの。だから自治体も、トップに営業をかけるのが一番の早道――。

こうした考えのもと自治体に営業をかけたい企業は、人脈をたどって県知事や市長にアポイントをとり、自社の製品やサービスをプレゼンする機会を血眼になって得ようとします。

ところが、なのです。地方自治体のトップは、知事や市長かというと、半分当たっていて、半分外れているのです。どういうことでしょうか？その答えは、地方自治体の組織体制に見ることができます。

地方自治体の機関

まず地方自治体組織は、民間企業でよくあるようにトップである代表取締役社長・部長・課長・係長・主任と、役割が階層となるようなツリー構造にはなっていません。具体的には、４～５つの「機関」、つまり地域における機能的な役割を担うパーツが牽制しあって構成されています。これらの機関のうち、自治体営業を理解するのに必要な２つの機関とその役割について見ていきましょう。

まず、執行機関。ここが地方自治体の司令塔となっている機能を持っ

■自治体の組織構成（代表例）

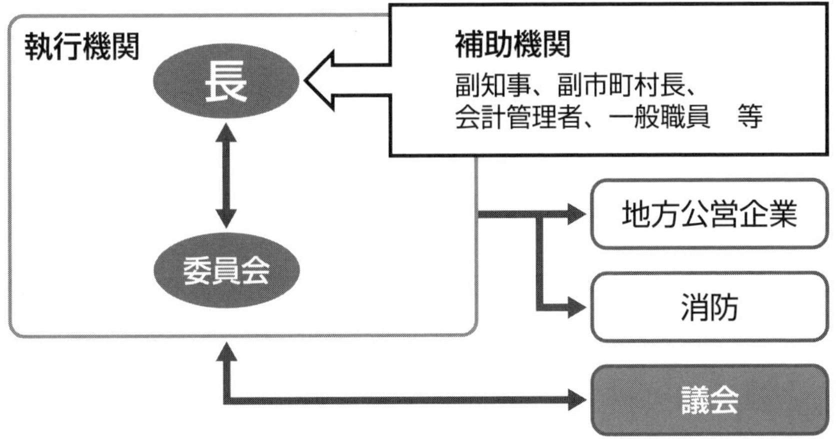

ていて、さらにその内部では長と委員会が牽制し合う体制となっています。前者の「長」というのが、総称して「首長」と呼ばれる、４年に一度選挙で選出される地域のリーダー、すなわち都道府県知事や市区町村長です。

また、自治体組織として特筆すべきが、後者の「委員会」という機能です。首長が権限を握ると地域の事務局として好ましくない分野が切り分けられてここに入っています。例えば「選挙」。選挙に首長の権限が及ぶと不正の温床になりかねません。だから「選挙管理委員会」として首長の権限が及ばない組織になっています。

そして、執行機関の仕事をフォローするのが補助機関。ここが副首長以下、各部署の局長、部長、課長、係長、主事などの自治体職員が所属しています。

この補助機関こそが、皆さんが営業で接する機会のある自治体職員が働いている部署であり、地域のさまざまなお困りごとに対応する部署が、課ごとに運営されています。

執行機関と補助機関の関係

この執行機関と補助機関の関係はどのようなものでしょうか。一言で言えば、執行機関と補助機関はそれぞれ独立した機能を持つということ。

補助機関は、執行機関の長が選挙の当落で誰になろうとも、地域課題への対応のため、各課ごとに粛々と動き続けます。執行機関の長、つまり市長や知事は、補助機関のサポートを受けながら、自身の掲げた公約の実現に取り組む。こうした組織体制になっています。

これはどういうことなのでしょう。ズバリ「首長は必ずしも補助機関のトップとはいえない」ということ。

つまり、首長は選挙で選ばれた地域住民のリーダーですが、皆さんが自治体営業で折衝しなければならないビジネス上のトップではない、ということを意味しています。

ではなぜ、民間企業のようなツリー構造の階層組織ではなく、それぞれが独立した「機関」として牽制し合う体制になっているのでしょうか。

答えは明白。地域の皆さんからお預かりしている莫大な金額の税を管理している組織だからにほかなりません。

例えば、自治体が首長をトップとして権限が集中するような組織体制だったらどうでしょう。預かった大切な税金が、心ない首長の権限で、地域住民が求めることとは全く別のことに使われてしまいかねません。

だからこそ、地方自治体は首長の権限がダイレクトに及ばない組織体制となっており、誰が首長になろうとも地域のための機能が滞りなく運営される枠組みとなっているのです。

自治体ビジネスのキーマンは「各課の課長」

では、ビジネス上の真のキーマンは誰なのでしょうか？　それは、なんと「各課の課長」です。地方自治体の課長職は、民間企業に置き換えると執行役員あるいは事業本部長レベルの役職といえます。

補助機関の内部は、地域住民への対応分野ごとに最適化された部署構成となっています。つまり、各課の担当する事業領域ごとに、行政サービスの導入を検討したり、ものを買ったりします。地域のための多様な仕事の発注の決済権を持つのは、各課の課長なのです。

いま、多くの首長が民間企業と連携して、地域を良くしようと奮闘されています。その場合でも、具体的な製品やサービスの導入検討、契約や発注などの実務は、例外的なケースを除き各課の管轄です。首長にアポイントをとってプレゼンするだけでは即契約にはならない理由が、おわかりいただけたかと思います。

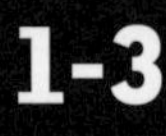

1-3 データから見る自治体ビジネス市場の広がり

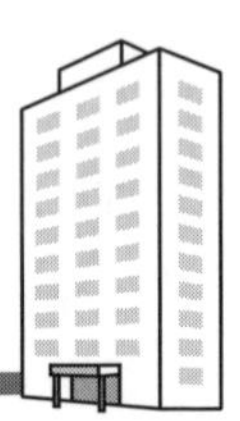

地方自治体という組織および自治体職員がどういう相手かということがわかったところで、彼らとビジネスをしていくうえでのマーケットについて見ていきましょう。

まず、どれだけの規模の仕事が、地方自治体から民間企業に発注されているのでしょうか。

中小企業庁「官公需契約の手引き（平成30年度版）」の数字を見てみましょう。人口10万人以上の地方自治体の発注実績は、平成25年から平成29年まで５年間を見ると、およそ14兆円から15兆円の間で推移しています（下図を参照）。

特に注目したいのが中小企業への発注。多くの方が「官公庁は大手企業としか取引がない」あるいは「官公庁の仕事は公共工事ばかりである」と考えています。

■地方公共団体の官公需契約実績の推移

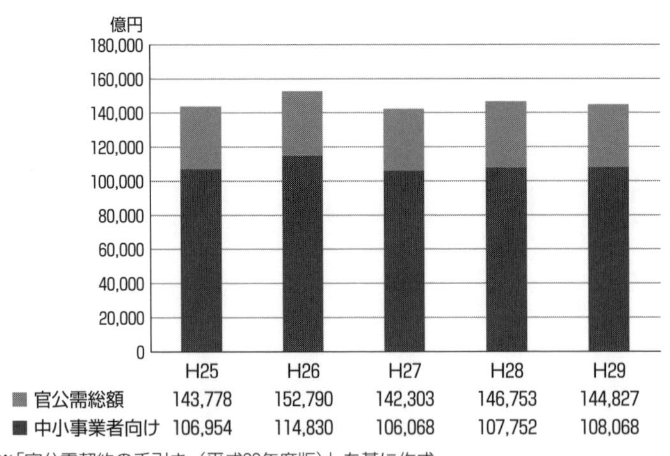

	H25	H26	H27	H28	H29
■ 官公需総額	143,778	152,790	142,303	146,753	144,827
■ 中小事業者向け	106,954	114,830	106,068	107,752	108,068

※「官公需契約の手引き（平成30年度版）」を基に作成

ところが実際に数字を見ると、地方自治体の仕事のおよそ75%が中小企業に発注されていることがわかります。大手企業の独壇場と思われがちなこの自治体ビジネス市場。実際は中小企業こそが活躍できる市場であるということがわかるでしょう。

どんな仕事が国や自治体から発注されているのか

では、国や自治体はどんな仕事を民間企業に発注しているのでしょうか？　官公庁の用語でいうと、大きく「工事」「物品」「役務」の３分野に分けられます。

「工事」とは文字通り建設や土木工事のこと。上下水道の整備、道路の維持補修、川の堤防の建設や河川改修などの工事を発注する分野です。

次に「物品」とは、ものを買うこと。例えば皆さんのオフィスでは机や椅子、文房具類など、ありとあらゆるものを使って仕事をしています。

それは自治体組織も同じ。参考までにご紹介しますと、総務省が実施した「平成30年 地方公共団体定員管理調査結果」の概要によれば、全地方自治体の職員数は273万6,860人。これだけの人数が毎日コピー用紙や文房具を使い、そのほかホワイトボードやプロジェクターなどのオフ

■自治体が民間企業に出す仕事の種類

- **工事（いわゆる公共工事）**
  道路工事、下水道工事、橋梁の建設、河川整備など
- **物品（ものを買う）**
  コピー用紙、文具、電池、土嚢（どのう）、洗剤、オフィス家具、災害備蓄品など
- **役務（サービス・ソフト事業を委託する）**
  人材派遣、コールセンター、印刷、警備、清掃、システム開発、調査、研修、パンフレット作成、ウェブサイト作成、イベント企画、リース、地域のためのソフト事業など

「役務」は業務委託が多い領域

ィス用品を使って仕事をするのです。地方自治体だけでも、どれだけの数の物品を民間企業から買っているか、発注規模の大きさがおわかりいただけると思います。

3つ目の「役務」について。ここ10年ほどで最もジャンルが広がっているのが、この役務です。役務とは、一言で言うとソフト事業。「モノ」を売るのではなく「コト」を提供する仕事全般をいいます。人材派遣、コールセンター、印刷、警備、清掃、システム開発、調査、研修、パンフレット作成、ウェブサイト作成、イベント企画、リース、そのほか地域住民の暮らしをサポートする事業など、驚くほど多岐にわたっています。

1-4 こんなにも幅広い！ 自治体ビジネスの領域

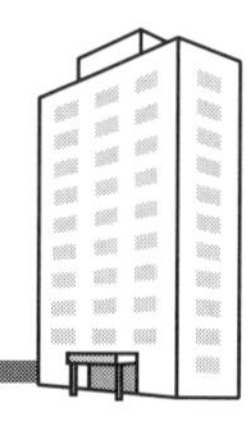

前節で述べたように、昨今、最も市場が広がっているのが役務という分野。その広がりの背景には、社会ニーズの多様化があります。

我が国が高度成長を遂げた時代。国や地方自治体は莫大な予算を確保し、道路を作ったり橋をかけたりする、人々の暮らしを支えるインフラ整備に邁進してきました。当時の地域住民の要望も、上下水道の整備をはじめ、快適なまちづくりに関するものが主体でした。

ところが、成熟社会に突入すると状況は一変します。生活を支えるインフラ整備は一段落。インフラの維持管理の時代に入り、そのインフラのために大きな予算が配分されることも少なくなりました。

それに代わって出てきたのが住民の要望の多様化です。少子化対策、待機児童の解消、空き家対策など、国や自治体がかつて体験したことがない、さまざまな社会課題が激増しています。

これらの社会課題は、いままでのように、工事をして何かを作ればいい、という性質のものではありません。ソフト事業、すなわち知恵やノウハウを活用し、そうした課題を解決するための事業を計画し実施する必要があります。

前例のない課題に対応しなくてはならない昨今の自治体

それでは、これらの新たな課題に対処するノウハウが国や自治体の中に十分にあるでしょうか？　答えは明らか。

前例のないこうした課題に国や自治体が対処するためには、組織内部に前例や実績、そしてこれらに対応する知見がある人材が不足しています。だからこそ、こうした分野について、民間企業の優れた技術やサー

■自治体ビジネスのニーズ

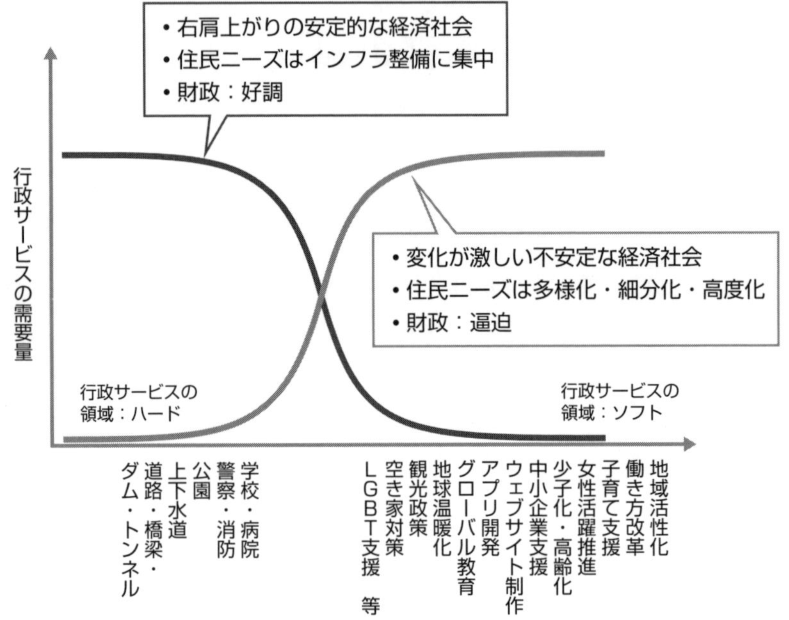

ビスのノウハウが必要とされているのです。

特に、民間企業が大活躍している分野がICT（情報通信技術）分野や観光・シティプロモーション分野。ICTでいえば、地域住民向けのアプリケーションを開発したり、自治体のウェブサイトをより効果的に情報発信できる設計にリニューアルしたり——これらの技術は自治体の職員が持っていないものです。

観光・シティプロモーション分野も同様です。「観光立国」が国の主要な政策になり、日本各地に多くの国から外国人観光客が訪れるようになりました。こうした外国人観光客の受け入れ体制の整備や、国別のニーズに伴うおもてなし対応などは、民間企業ならではのノウハウの生かしどころ。

シティプロモーションに至っては、もともと地方自治体はものを売る組織ではないため、「地域をプロモーションする」という考えはほとんど持っていませんでした。

ところが、人口減少時代に突入し、各地域が「人を呼ぶ」ということに対して、地域間競争が盛んになっています。その地に訪れてもらったり、住んでもらうためには、魅力的なエリアとして選ばれる必要があります。この「選んでもらう」取り組みに、民間企業が持つプロモーションのノウハウが生かされるようになってきています。

このように「役務」の分野が拡大傾向にある背景には、社会の大きな変化があるといえるでしょう。

1-5 知っていますか？　官民連携

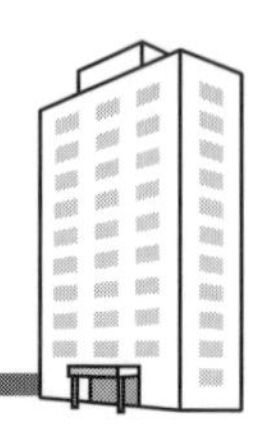

「官民連携」――漢字で見ると少し硬そうな印象がありますが、最近特によく目にする言葉だと思います。

簡単に説明すると、国や地方自治体と民間企業・団体・市民が連携し、それぞれの強みを生かして公共サービスを提供するスキームのこと。“Public Private Partnership”の頭文字をとって「PPP」と表現されることもあります。

PPPには、さまざまな枠組みがあります。PPPの中から、代表的な形をいくつかご紹介しましょう。皆さんの会社でも取り組んでいるものがあるのではないでしょうか？

PFI（Private Finance Initiative）

PFIとは、公共施設などの建設や運営などを民間企業の資金や経営能力、技術的能力を使って行う手法です。英語の“Private Finance Initiative”の略称です。1992年、サッチャー政権以降「小さな政府」への取り組みを進めるイギリスで生まれました。

民間主導で公共サービスの提供を行い、効率的・効果的な質の高い公共サービスを目指す考え方で、公共施設や設備の設計、施工、維持管理、運営などに民間の資金やノウハウを活用することで、より良い公共サービスの提供を実現することを目的としています。

我が国では、1999年からPFI法（民間資金等の活用による公共施設等の整備等の促進に関する法律）が施行され、2007年５月に日本初のPFI事業手法を活用した刑務所が山口県美祢（みね）市に開設されました。

■PFIの仕組み

●従来の公共事業

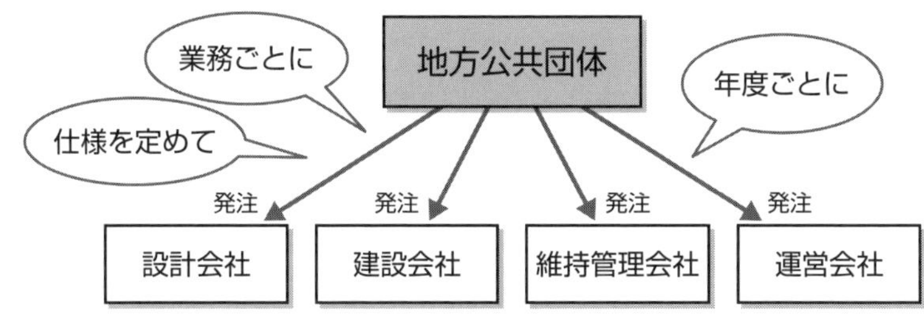

事業の実施に必要な資金は補助金、起債、独自財源から調達します。

●PFI

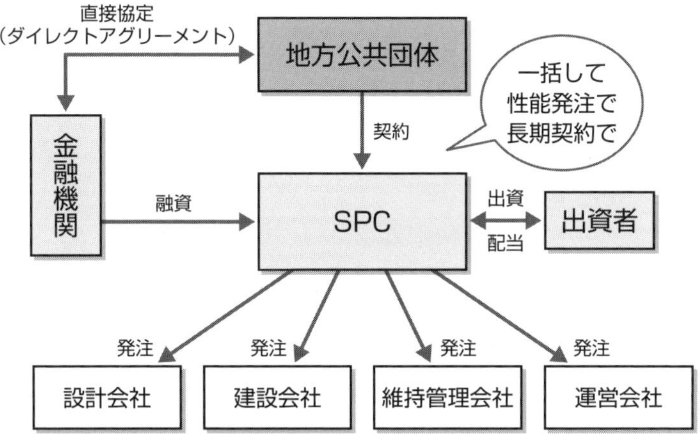

SPCは、事業の収益力を担保に融資を受けるプロジェクト・ファイナンスという方法で、建設資金等の一部を金融機関から借り入れて事業を行います。
地方公共団体は、建設資金、維持管理費用等をSPCが提供するサービスの対価として、SPCへ払います。
地方公共団体と金融機関はPFI事業が円滑に遂行されるよう直接協定（ダイレクトアグリーメント）を締結します。

※出典：内閣府ウェブサイト

指定管理者制度

指定管理者制度とは、民間企業やNPOなどの民間団体が、公の施設を自治体に代わって管理運営する組み方です。

実は公の施設については、長い間、地方自治体が出資した法人や公共の団体にしか管理を委託することができませんでした。

それが2003年に地方自治法が改正され、地方自治体が指定する民間企業などの「指定管理者」が管理を引き受けることができるようになったのです。この制度が指定管理者制度です。

多様化する住民ニーズに効果的・効率的に対応できる民間のノウハウを活用して、より良い住民サービスを提供し、同時に経費の削減なども目指すものです。

■指定管理の仕組み（郡山市の事例）

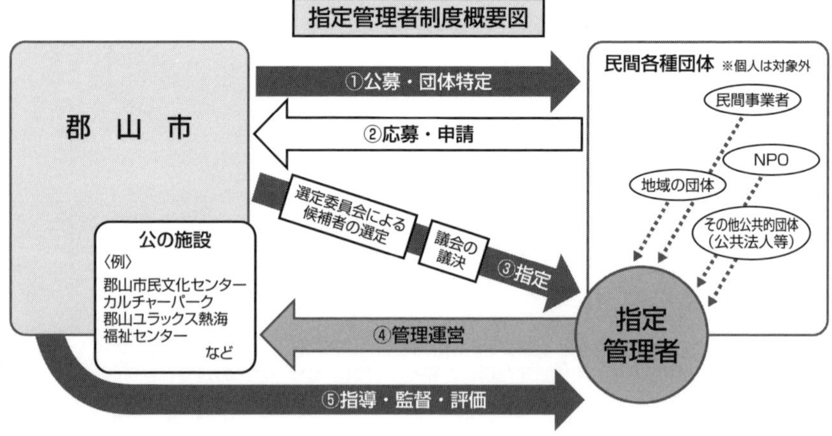

※出典：郡山市ウェブサイト

業務委託

最もポピュラーなPPPが業務委託です。これはわかりやすいですね。民間企業同士でもよくある組み方と同じ考え方です。

49ページで述べたように、地方自治体が民間企業に出す仕事には、大きくは3つに分かれます。建設、土木などの「工事」、自治体のオフィスや現場で使うものを買う「物品」、そしてさまざまなソフト事業やサービスを自治体に代わって依頼する「役務」。

この3番目の役務が業務委託として民間企業に委託され、多くの優れたノウハウや技術やコンテンツを持つ企業が、全国の自治体でその腕前を思う存分に発揮しています。

■業務委託の仕組み

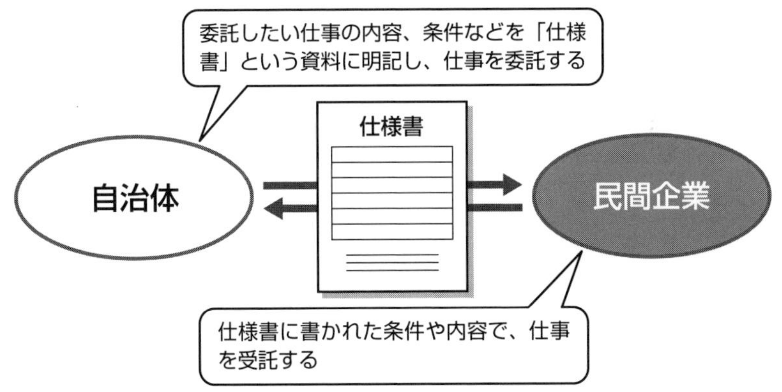

1-6 官民連携の魅力とSDGs

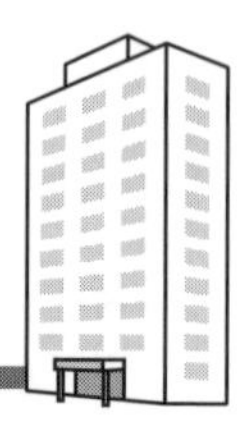

前項で述べたように、いま盛り上がりつつあるPPP。魅力は一体どのようなところにあるのでしょうか。

民間市場で自社の売上が頭打ちになったので、新たな参入市場として期待できるからでしょうか？　それとも自治体と仕事をしていることで信用が得られるから？　もちろん、それらもあるでしょう。

しかし、実は何よりも大きな魅力は「社会課題の解決」と「利益の創造」が両立できるところにあります。

いま、その両立のステージとして最も注目されているのがSDGs（エスディージーズ）です。"Sustainable Development Goals"（持続可能な開発目標）の略称で、2015年９月に国連で開かれたサミットの中で世

■SDGsとは？

（①貧困）

（②飢餓）

（③保健）

（④教育）

（⑤ジェンダー）

（⑥水・衛生）

（⑦エネルギー）

（⑧成長・雇用）

（⑨イノベーション）

（⑩不平等）

（⑪都市）

（⑫生産・消費）

（⑬気候変動）

（⑭海洋資源）

（⑮陸上資源）

（⑯平和）

（⑰実施手段）

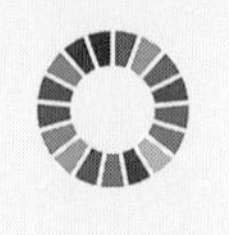

※出典：外務省ウェブサイト

界のリーダーによって決められた、国際社会共通の目標です。

「持続可能な開発目標」とは具体的にどのようなものなのかというと、「17の目標」とそれをより具体化した「169のターゲット」で構成されて

■2018年6月に選ばれたSDGs未来都市選定都市

No.	提案者名	提案全体のタイトル
1	北海道	北海道価値を活かした広域SDGsモデルの構築
2	北海道札幌市	次世代の子どもたちが笑顔で暮らせる持続可能な都市・「環境首都・SAPP-RO」
3	北海道ニセコ町	環境を生かし、資源 、経済が循環する自治のまち「サスティナブルタウンニセコ」の構築
4	北海道下川町	未来の人と自然へ繋ぐしもかわチャレンジ2030
5	宮城県東松島市	全世代グロウアップシティ東松島
6	秋田県仙北市	IoT・水素エネルギー利用基盤整備事業
7	山形県飯豊町	農村計画研究所の再興『2030年も「日本で最も美しい村」であり続けるために』
8	茨城県つくば市	つくばSDGs 未来都市先導プロジェクト
9	神奈川県	いのち輝く神奈川　持続可能な「スマイル100歳社会」の実現
10	神奈川県横浜市	SDGs未来都市・横浜～“連携”による「大都市モデル」創出～
11	神奈川県鎌倉市	持続可能な都市経営「SDGs 未来都市かまくら」の創造
12	富山県富山市	コンパクトシティ戦略による持続可能な付加価値創造都市の実現
13	石川県珠洲市	能登の尖端“未来都市”への挑戦
14	石川県白山市	白山の恵みを次世代へ贈る「白山SDGs 未来都市2030ビジョン」
15	長野県	学びと自治の力による「自立・分散型社会の形成」
16	静岡県静岡市	「世界に輝く静岡」の実現 静岡市5大構想×SDGs
17	静岡県浜松市	浜松が「五十年、八十年先の『世界』を富ます」
18	愛知県豊田市	みんながつながる ミライにつながるスマートシティ
19	三重県志摩市	持続可能な御食国の創生
20	大阪府堺市	「自由と自治の精神を礎に、誰もが健康で活躍する笑顔あふれるまち」
21	奈良県十津川村	持続可能な森林保全及び観光振興による十津川村SDGsモデル構想（仮称）
22	岡山県岡山市	誰もが健康で学び合い、生涯活躍するまちおかやまの推進
23	岡山県真庭市	地域エネルギー自給率100% 2030“SDGs”未来杜市真庭の実現 ～永続的に発展する農山村のモデルを目指して（私がわたしらしく生きるまち）～
24	広島県	SDGsの達成に向けて平和の活動を生み出す国際平和拠点ひろしまの取組を加速する ～マルチステイクホルダー・パートナーシップによるSDGsの取組の強化～
25	山口県宇部市	「人財が宝」みんなでつくる宇部SDGs推進事業 ～「共存同栄・協同一致」の更なる進化～
26	徳島県上勝町	SDGsでSHLs（Sustainable Happy Lives）持続可能な幸福な生活
27	福岡県北九州市	北九州市SDGs未来都市
28	長崎県壱岐市	壱岐活き対話型社会「壱岐（粋）なSociety5.0」
29	熊本県小国町	地熱と森林の恵み、人とのつながりがもたらす持続可能なまちづくりを目指して

※出典：内閣府ウェブサイト

います。58ページの17の目標の一覧をご覧になっていかがですか。地方自治体が普段取り組んでいる健康や福祉、教育やまちづくりなど、おなじみのキーワードが勢ぞろいです。

SDGｓ未来都市の選定

我が国は2018年７月にニューヨークの国連本部で開かれたSDGsに関する政治フォーラムで、2030年に向けて民間企業および市民団体へのSDGsの取り組みを普及・拡大を促進しながら、“オール・ジャパン”でSDGsに取り組むことを表明しました。それを受け政府は、2018年６月15日に積極的にSDGsに取り組んでいる29の自治体を「SDGs未来都市」に選定し、その後も数が増えています。地方創生やSDGsの取り組みを支援しながら成功事例を増やすことで、全国的に持続可能なまちづくりの普及を加速させることがねらいです。

前ページのSDGs未来都市の一覧を見てみましょう。各都市の地域特性を生かしたテーマがずらりと並んでいます。ただ、これらの都市が掲げたテーマを地方自治体単独で実現することができるでしょうか。

実は、SDGsの社会課題解決は巨大なビジネスチャンス。世界経済フォーラムの2017年のレポート“Better Business Better World”では「SDGsの達成により2030年までに世界で年間12兆ドル以上の経済価値が生まれる」とされています。

もしあなたの会社が、自社の製品やサービスを携え、SEDGs未来都市での自治体が掲げた課題解決に、ビジネスとして取り組めるとしたらどうでしょうか？　自社の経済価値を追求しつつ社会の誰もが幸せになる未来づくりに貢献できる。そして、社会に人に、生きとし生けるものに感謝され感謝する経営やビジネス人生を謳歌できる。

そう、社会課題の解決と利益の創造は両立できるのです。ここにこそPPPの真骨頂があると思いませんか。

1-7 官民連携の新たな動き

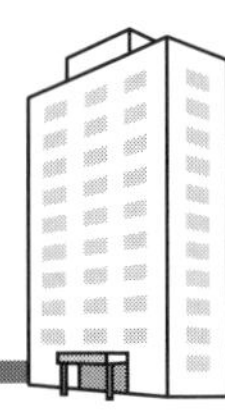

前の1-5で紹介した官民連携の代表的な形態である、PFI・指定管理者制度・業務委託。こうした従来型の官民連携に加え、いま地方自治体と民間企業との関係で新たな動きが出てきています。その新たな動きとは「連携の形態」ではなく「連携を決めるまでの手続きのプロセス」の変化。ここでは、２つの動きをご紹介しましょう。

包括連携協定

包括連携協定とは、自治体と民間企業が連携して地域課題に取り組むための協定です。いままでご紹介してきた官民連携の形は、どれもパートナーとなる民間企業を選ぶ際には必ず「フェアなプロセスでの選定」が組み込まれています。一方、この包括連携協定には、数ある民間企業から１社を選定するプロセスがなく、特定の企業ありきで、地域課題を解決するために最初から協定を締結して取り組むという形態です。

自治体は地方経済の停滞や人口減少で税収が少なくなるなか、解決しなければならない地域課題が増える一方です。民間企業が持つノウハウやリソース、ネットワークは、そんな自治体にとって非常に魅力的です。

一方、企業にとっては自治体と組むことでビジネス上の信頼を集め、地域での存在感を高めることができます。双方にとってwin-winとなるこの関係、2016年頃から急速に全国に広まりました。「包括連携協定」とインターネットで画像検索すると、自治体の首長と企業のトップが協定書にサインをする様子や、にこやかに握手を交わす姿が数え切れないほど出てきます。

例えば、長野県塩尻市。2016年の２月から、地方創生をテーマに政策

■包括連携協定の事例（愛知県碧南市）

◆包括連携協定締結の方針の目的

碧南市では、包括連携協定を締結し事業の実施を希望する民間企業などの団体が、以下の条件をすべて満たす場合、包括連携協定を締結いたします。

⑴ 総合戦略の４つの基本目標に結びつく連携事業を２つ以上実施すること
（参考：総合戦略の４つの基本目標）
ア しごとづくり
イ 新しい人の流れづくり
ウ 結婚・出産・子育て環境づくり
エ 元気あふれる地域づくり

⑵ 碧南市との連携により、「地域の活性化」「市民サービスの向上」などの行政課題の解決を図っていくことを理解し、賛同していること

⑶ 包括連携協定締結後も引き続き、連携事業について協議する場を定期的に設け、複数年度にわたり連携事業を実施すること

◆包括連携協定のイメージ

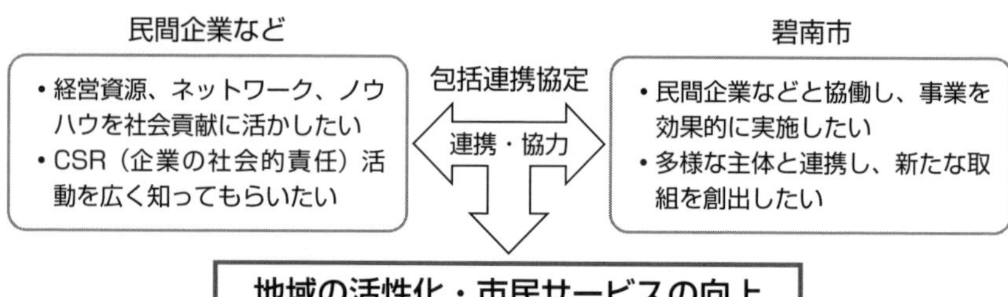

※出典：碧南市ウェブサイト

提案を行う研修プログラムを官民連携で実施してきました。そのプログラムで積極的な提案を行ったリクルートと、同年10月に包括連携協定を締結。協定に基づき、リクルートがさまざまな地域課題解決の事業を提案し、塩尻市は市をフィールドとして実証実験を進めていく、そんな関係を築いています。

さて、多くの自治体が相次いで締結する肝心の包括連携協定の内容については、ざっくりした連携の分野は示されていますが、「具体的な事業化については別に定める」とされているものがほとんどです。協定締

結はゴールではなくスタートなのです。この協定が地域課題の解決という双方のゴールに向けて踏み出すには、その後の事業の実装にかかっているといえるでしょう。

官民連携提案制度

本来、自治体が民間企業からの事業提案を受け付けるのは、その事業に関係する部署が原則です。それも「事業提案してください」と企業側に積極的に情報発信する文化が、そもそも自治体にはありませんでした。

一方、民間企業にとっては自社の提案がどの部署が管轄なのか、外部からはわかりにくいものですよね。せっかく地域課題解決のための効果的な事業提案書をまとめても、どの部署に持っていっていいかわからずたらい回しになることも。そうなってしまうと「もういいや」となりかねません。

官民連携提案制度とは、そうした自治体・民間双方にとって残念な事態にならないよう、自治体側が民間企業からの地域課題解決の提案を受け付ける窓口を一本化し、提案の事業化を進めるというプロセスを制度化したものです。いわば自治体側から「民間企業の皆さん、ぜひ地方自治体に提案に来てください」というような制度です。

早くから取り組んできたのが横浜市。2008年に「共創フロント」という民間からの提案を受け付ける対話窓口を設け、10年間で311もの事業を民間企業などと連携して手がけています。そのほかにも大阪府「公民連携戦略デスク」、浜松市「やらまいか！　民間発案・提案」、埼玉県横瀬町「よこラボ」など、民間企業からの提案を積極的に受け付ける自治体が続々と出てきています。

こうした官民連携提案制度、実は1点だけ民間企業が気をつけなければならないことがあります。それは、民間企業の提案が事業化されても、必ずしもその民間企業が事業にかかわれるわけではない、という制度設計になっている自治体があること。公平性・公正性を旨とする自治体組織の運営上、やむを得ない面がありますが、せっかくノウハウを駆使して事業提案しても、事業化の段階で他社に持って行かれてしまう可能性もあるのです。それでは事業提案のモチベーションも下がり、そもそも企業側にとって提案の意義がなくなってしまいかねません。

そこで、憎い心意気を見せてくれているのが浜松市。「やらまいか！民間発案・提案」で提案が採用された企業には、その後事業化する際の民間企業を選ぶプロポーザル（企画競争）で、評価の配点にインセンティブをつけてくれています（2018年度時点）。

「民間企業と一緒に取り組んでいきたい！」という浜松市の本気度と強い想いが、この制度からひしひしと伝わってきますね。

■官民連携提案制度の事例（浜松市）

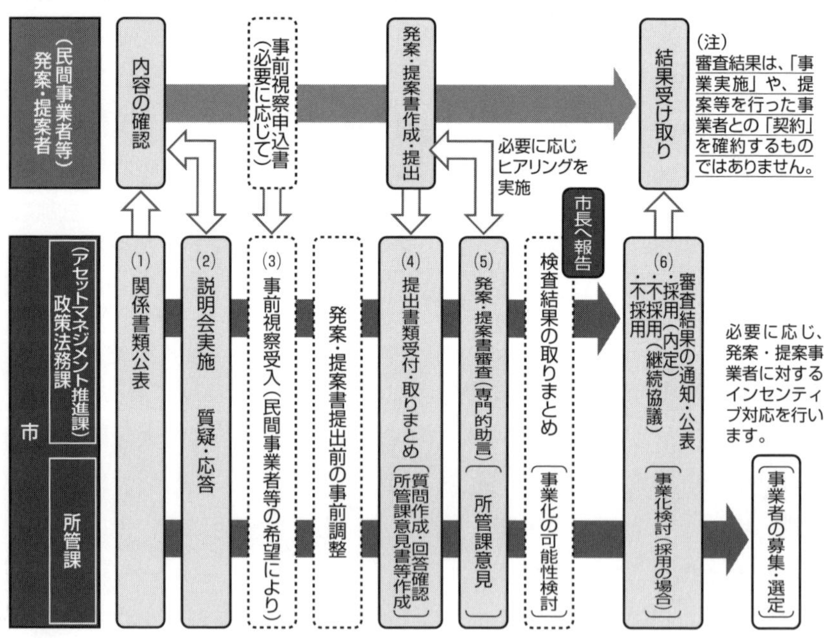

※出典：浜松市ウェブサイト

1-8 官民連携のボトルネックとは？

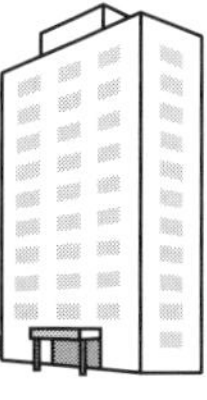

さて、地方自治体と民間企業の素敵な関係、官民連携。一緒に仕事をすることで、地方自治体は手を焼いている多様な地域のお困りごとに民間企業の力を借りて対応できる。民間企業は、より良い社会づくりにビジネスとして利益を上げながら取り組むことができ、大きな信用も手にすることができます。

こうしたいいことづくめの官民連携が何もかもうまくいくかというと、必ずしもそうではありません。

いま、官民連携で手を組もうとしている自治体と民間企業との間に、次のような３つの課題がボトルネックとして立ちはだかっています。

1 事業実施のスピード感

民間企業の事業運営は、年々スピードを増すばかり。例えば打ち合わせ一つとっても、以前はメンバーの時間を調整して会議室に集まって行うのが一般的でしたが、いまは日本中どこにいてもオンラインで打ち合わせができます。ちょっとした確認はチャットやSNSに投げておけば、空き時間に一言返事をすればそれで完了。電話をいつかけても商談中で通じない、そして話が進まない、というのは過去の話です。

一方、自治体はどうでしょう？　預かった税で運営されている組織であるがゆえ、極端にリスクを嫌います。そもそもが一つひとつ関係者に確認をとってから物事を進める仕組みになっています。また、自治体職員はそれぞれの役割・権限・責任が明確に決められており、その場で担当者が即答というわけにはいかないことも多いもの。そんな自治体の仕事ぶりは、民間にとっては「返事が遅い」「反応が悪い」などと、どうしても受け止められがちです。

2 予算に関する知識の共有

どんなに素晴らしい事業であっても、その事業予算を確保できていなければ実現できません。その予算とは、前年度に次年度の予算規模を予測してあらかじめ組んでおくのが原則。提案のタイミングによっては次年度の予算の使い道がすべて決まってしまっていることもあります。だから時期によっては提案を持っていっても「予算がありません」と言われてしまうことがあるのです。そのため、民間企業にとって自治体は、「融通が利かない」「お金がない組織なので営業先としては魅力がない」と判断されてしまうことがよくあります。

3 公平性・公正性に関する認識

例えば、先に触れた官民連携提案制度。提案した企業に事業化した後の仕事の発注を確約できればいいのですが、税で運営されている組織であるがゆえに、公平性・公正性が求められます。「提案してくださった事業を御社にお願いします」と言いたいのはやまやまなのですが、そうはできないのが辛いところ。多くの場合、事業を担当する民間企業を選ぶプロセス「プロポーザル」（企画競争）が設けられています。

民間企業にとっては、「提案したのにオープン勝負になるのは納得いかない！」というのが本音でしょう。

ただし、そもそもその事業を提案した民間企業なら、プロポーザルを優位に戦う方法を押さえれば楽々、勝ちを手にすることができます。ところが、この優位に戦う方法を知らない民間企業が多いため「企画だけ流用されて不公平」という受け止め方に至ってしまいます。

なぜ、こうしたことが起こるのでしょうか。それは、どれも「相手を

■お互いを知る努力をしないと…

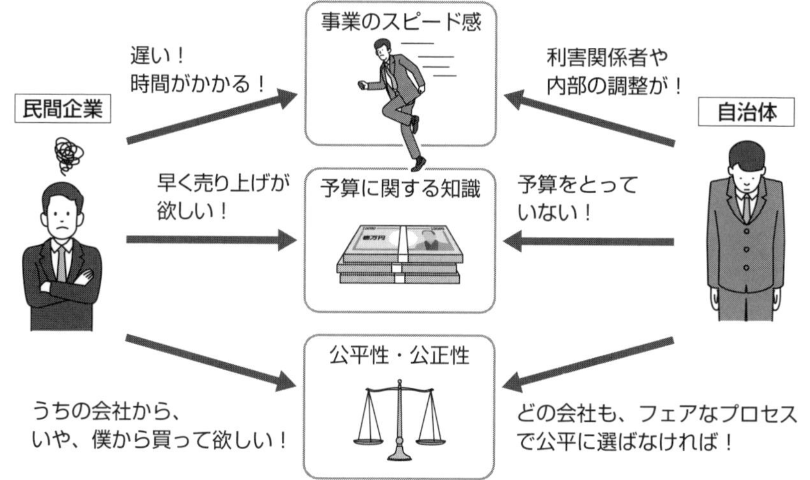

知る」ことを怠っているから。双方の組織目的の違いを担当者間でじっくり共有するというプロセスをショートカットしているがゆえに起こっています。

お互いが自分たちの仕事の常識を「その程度のことは相手もわかっているはず」と思い込んだまま仕事を進めてしまう——これは、何も自治体と民間企業の関係に限ったことではありません。人と人との関係や日常のビジネスの取引でも、皆さんは同じようなことを経験されていませんか。せっかくの官民連携、相手をしっかりと知りさえすれば、こうしたボトルネックは簡単に乗り越えることができるはずです。

民間企業は、地方自治体の組織運営や仕事の仕組みを！

地方自治体は、民間企業の仕事のスタイルや彼らにとって何がわかりにくいのかを！

お互いがお互いのことを「知る努力」「知らせる努力」を怠らないでほしいものです。

1-9 自治体職員に抱く ネガティブな印象を捨てよう

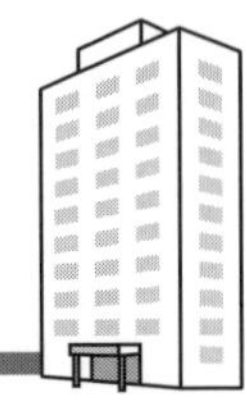

自治体組織には執行機関と補助機関があり、営業先は各課だということがわかったところで、その各課で仕事をしている自治体職員のことをしっかりと知りましょう。

まず、自治体営業で職員と接するとき、絶対に押さえなければならないことは何か。それは「自治体職員に対して抱くネガティブなイメージを100％捨てること」。ネガティブなイメージが形成されたのは、いままで、汚職や談合などの不正がメディアで報道されてきたことに端を発しているのかもしれません。

改めて皆さんは、自治体職員に対してこんな印象を持っていませんか？

「仕事が遅くスピード感がない」
「自分で判断する能力がない」
「ルール一辺倒で頭が固い」
「怠けていても高い給料がもらえる」
「税金で食わせてやっている」

——ちょっと待ってください。

皆さんは民間企業へ営業に行くときに、クライアントの担当社員に対してどういう態度で接していますか。まずは信頼関係を築く努力をし、お互い尊重しあえる関係を作ろうとするはずです。

それなのに、なぜ多くの民間企業担当者は、自治体に営業に行く際に、自治体職員に上記のような印象を抱えたまま接するのでしょうか。

厳しい言い方かもしれませんが、これでは営業の本分と基本を踏み外

■捨てるべき自治体職員に対する思い込み

していると言わざるを得ません。

とはいえ、ただ「ネガティブな印象を持つな！」と言ったところで、精神論の域を出ませんよね。

皆さんが根強く持つ、先に挙げたようなネガティブな印象が単なる思い込みや都市伝説であることを、ここでは具体的な論拠を示しながら解説していくことを試みます。

仕事が遅くスピード感がない？

仕事が遅くスピード感がないというのは、自治体職員に対して多くの方が抱く印象です。

これには理由があります。組織体制のところで触れた通り、地方自治体はさまざまな機関で構成されています。何か物事を進めようとするときに、異なる目的を持った機関のそれぞれと合意形成を図りながら了解をとっていきます。

この合意形成に時間がかかり、何かを決めるときに時間を要してしまうのです。民間企業の場合は、トップダウンで物事がスピーディーに決まることも多いですよね。一方、地方自治体は、地域の皆さんの税をお預かりしている以上、個人の判断で物事を勝手に進めていくわけにはいかないのです。

こうした組織の事情により、自治体職員も、どんなに早く物事を進めたいと思っていても、「こちらで検討してお返事します」と言わざるを得ないのです。

これについては、多くの自治体職員から「歯がゆくてたまらない」という声を聞くことが少なくありません。

自分で判断する能力がない？

「地方公務員法」という法律があるのを皆さんはご存知でしょうか。

「地方公務員」すなわち自治体職員の仕事の進め方を細かく定めた法律で、自治体職員はすべてこの法律に則って日々の仕事をしています。この法律の第32条に「法令等及び上司の職務上の命令に従う義務」という規定があります。この法律が、職員個人が自らの判断で物事を進めることへの足かせになっています。

実際に自治体営業に行かれた方は、自治体との打ち合わせの場で「上司に相談してお返事します」と対応されたことがありませんか？　これは決して職員が自分で判断する能力がないからではありません。法令遵守の結果、やむを得ず、こうしたコミニケーションになってしまうのです。

ルール一辺倒で頭が固い？

再び地方公務員法に触れてみましょう。

「職員は、条例の定めるところにより、服務の宣誓をしなければならない」（地方公務員法第31条）

すべての自治体職員は、この法律に則って宣誓書にサインをしてから職務につきます。宣誓書の内容はそれぞれの自治体の条例にもよりますが、法令遵守に努めることや地域住民の福祉に全力で当たることなどが明記されています。

つまり、宣誓書に誓いを立てて職務についているからこそ、ルールに則って仕事をするということを徹底せざるを得ないのです。これが、民間企業とのビジネスで仕事をしている皆さんが知る由もない、自治体職員が仕事をしている世界なのです。

怠けていても高い給料がもらえる？

民間企業の方からよく聞くのがこの言葉。この言葉以上に自治体職員の心と仕事の尊厳を傷つけるものはありません。公務員の給料が高い。多くの民間企業の社員がそのように考えています。

でも果たして本当にそうでしょうか。地方自治体と民間企業とでは人事制度が異なるため単純な比較はできませんが、参考になるデータをご紹介します。民間企業の新入社員の初任給と、同世代の自治体の一般行政職の給料は次の通りです。

- 20万3,400円（民間企業大卒初任給全国平均）
  出典：2016年11月17日、厚生労働省「平成28年賃金構造基本統計調査」より
- 17万0,446円（市役所職員一般行政職給料）※政令指定都市は除く
  出典：2016年４月１日　総務省「地方公務員給与実態調査」より

もちろん、この数字を単純に比較するだけでは「公務員の給料は決して高くない」と判断するのは早計です。しかしながら、怠けていても高い給料がもらえるという受け止め方が都市伝説であるということを示すには十分な数字ではないでしょうか。

もう一つ知っておきたいのは、地方公務員の給与体系には原則として

能力給がないということです。これは、どんなに努力してパフォーマンスの高い仕事をしても給料は上がらないことを示しています。

こうした状況下にあっても、地域をより良くしようと献身的に日々奔走している自治体職員は全国に数えきれないほど存在します。このような現実を知り、彼らをリスペクトすることなしには、よりよいコミュニケーションをとり、よい仕事をすることなど、できるはずもありません。

税金で食わせてやっている？

これが大いなる思い違いだということは、もう皆さんにもおわかりなのではないでしょうか。

私たち一人ひとりは地方自治体の構成員。そして自治体組織は地域の事務局です。私たちに代わって地域全体のことを考えて対応しているのが、事務局員たる自治体職員の方々です。

さらにいえば、税金は払っているのではありません。大きなお金の管理ができない私たち個人個人のために、いったん自治体組織に預けているのです。「お金を払って自治体職員を食わせてやっている」という発想は、まさに思い違い。日々、当たり前のように利用している公共サービスやインフラが、自治体職員の隠れた働きによって成り立っていることを忘れずにいたいものです。

1-10 自治体職員バッシングは百害あって一利なし

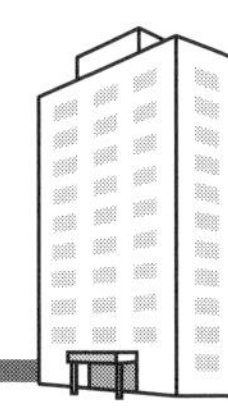

自治体職員に対する思い込みで自治体職員や自治体をバッシングすることは、次に挙げたような理由で私たちの首を絞めることになります。

新たな施策が実現しにくくなる

自治体職員が新しいことを組織内で提案するときに、何よりも気にするのが市民の声。皆さんが思っている以上に、自治体職員は地域の民間企業や住民の声にセンシティブになっていることをご存知でしょうか。

絶対に地域の将来のために必要だと考える事業がいままでになかったものであった場合、それに対して単なる好き嫌いだけで企業や住民の反対の声が寄せられてしまうと、内部でストップがかかることも。

職員を萎縮させてしまうと、本当に地域に必要なことに挑戦できる組織体質ではなくなり、結果として地域全体にツケが回ってきます。

行政サービスの質が低下する

自治体職員の仕事は、多くが地域の人たちの暮らしや幸せに直結するものです。しかしながら、批判されることはあっても外部から評価されたり褒められることは滅多にありません。

どんなに高い志を持って取り組んでいる自治体職員であっても、心ある人間です。あまりにも民間からの理解なきバッシングに晒されるとさすがに心が折れて、地域のためのプランを考え実行しようとする、彼らのモチベーションや仕事の品質に悪影響を及ぼすことに。その結果、行政サービスの質の低下につながってしまいます。

■自治体職員をバッシングするツケは地域住民に回ってくる

優秀な自治体職員が少なくなる

このように、地方自治体が地域のために頑張っても職員が報われることのない組織になってしまうとすれば、それは人材不足に直結します。これからますます社会は変化し、その激動の中で地域課題の早期解決が迫られます。優秀な人材なしにはこの状況を打開することはままなりません。

にもかかわらず、自治体は職員にとって魅力のない職場というレッテルが貼られてしまったらどうなるでしょう。将来有望な若手の就職先候補に、地方自治体が上がることはなくなってしまうに違いありません。

自治体職員を理解せず叩くことは、まさに百害あって一理なし。結果的に地域で生活する私たち自身の首を絞めることになるだけなのです。

1-11 自治体職員は地域ビジネスの最強の協力者

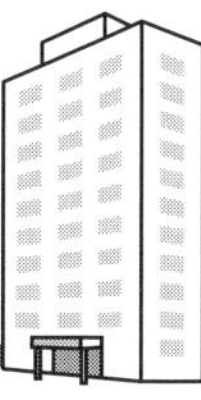

この章の最後に、自治体職員がいかに頼もしいかということに触れておきましょう。

地方自治体と民間企業の官民連携については先に触れた通りですが、昨今盛り上がっているのが、地方創生を目的とした民間企業社員と自治体職員との交流会。民間企業にとっては、自治体とコネクションを作る絶好の機会です。

主に都市部を中心に官民連携交流会や勉強会、カンファレンスが頻繁に開催されています。自社の製品やサービスで地域課題の解決を目指す企業のキーパーソンや、地域で活躍する公務員がゲストスピーカーを務め、ワークショップをしたり、懇親会で盛り上がったりしています。交流会の様子や結果はSNSなどに地域に明るい未来を感じさせる文体で投稿され、拡散されています。

地域との橋渡し役としての自治体職員

さて、問題はその後です。

交流会やカンファレンスで掲げられたビジョンやミッション、具体的な構想を実現するために必ず通らなければならないのが、「実装」というフェーズです。現場で実装されない取り組みは存在しないのと同じ。実装フェーズで巻き込んでいかなければならないステークホルダー、それは言うまでもなく、地域で長年生活を営んでいる地元住民、あるいは自治会、商工会などの方々です。彼らはまさしく「地域」そのものと言っても過言ではありません。こうした地域の理解と合意があってこそ、地元に根を張り未来へと続く取り組みとなり得るのです。

ところが、なかなかうまくいかないケースが後を絶ちません。地域で取り組みを始めようと都会から移住した人が、既存のコミュニティから孤立してしまったり、民間ビジネスの常識と地域の常識のズレから、進出した企業が地元の信頼を失い頓挫したり――。地域に住んで生活したこともない外部の人間がきれいごとを言っているだけ、と地元住民の協力が得られないこともあります。まさに官民連携の「闇」の部分です。こんな残念なことがあるでしょうか。

では、仮にこうした状態が生じたとして、調整や合意形成に力を発揮できるのは一体誰でしょうか。全体最適を視野に入れつつ、地元の頑固なおやじさんや地域に影響力を持つ農協や漁協、商工会や自治会に丁寧な対話をして、計画が絵空ごとにならないように、取り組みを考えた人や企業との橋渡しができるのは誰でしょうか。

それは、ほかでもない地方自治体職員です。いや、地方自治体職員しかいない、と言ったほうが正確かもしれません。

理由として、次の３つを挙げたいと思います。

① 自治体職員個人が持つ地域の人的ネットワーク

人口の少ない自治体であればあるほど、多くの職員が地元の小中学校を卒業しているため、地元住民に同窓生がいたり、親戚縁者が地域で暮らし働いていたりします。新たなことへの理解を得るのは信頼あってこそ。彼らの持つ地縁が、官民連携を実務で進めるために必要な、地元住民から信頼を獲得するための武器になっています。

② 地域情報のプロフェッショナル

①と同じ理由で、地域で生まれ育っているがゆえ、自治体職員は地域の隅々まで詳しいことが挙げられます。地方創生を掲げて民間企業から地域に乗り込む人材がどんなに優秀でビジネススキルが高くても、「○○の情報はあの地域に昔から住んでいる△△さんが知っている」といった有益な情報のありかがわからない以上、こうした知識は自治体職員に

は遠く及びません。

③ 腹の括り方と覚悟

地方自治体は、何があっても地域から逃げ出すことができません。

民間企業の製造工場などは、社会情勢の変化などを理由に閉鎖してその地域からいなくなってしまうのはよくあります。地域ビジネスを行う目的で移住しても、うまくいかないことがあれば「やっぱりやめた」と地域を去ってしまう起業家もいるでしょう。

一方、自治体職員はどうでしょう。地域住民からいわれのないハードクレームを受けようと、財政状況が厳しくなろうと、事務量がどんなに増えようと、その場から逃げ出すことはありません。

地域の課題を正面から受け止め、住民と真摯に向き合い根気強く対話し続ける。そんな彼らの姿は、プロレスで極悪なヒールが繰り出す必殺技を顔を歪めつつも、雄々しくそれを受け続けるベビーフェイスさながらです。

＊＊＊

いかがでしょう。中長期的に地域で官民連携を進めようとする民間企業にとって、自治体職員以上に頼もしい相棒はいないと思いませんか？

自治体と仕事をしたければ、自治体のこと、自治体職員の仕事のことをよく知っておきましょう。そして、ぜひとも彼らと良好な信頼関係を築いてください。

第2章

自治体の各部署の仕事

自治体営業を始める際に多くの人が戸惑うのが「どこの部署に行けばいいのか？」という点。この章では、お目当ての部署に行けるように、各部署ではどんな仕事をしているのか、部署ごとにどんな業務を民間企業が引き受けているのかを解説します。

2-1 自治体の部署は地域課題ごとに編成されている

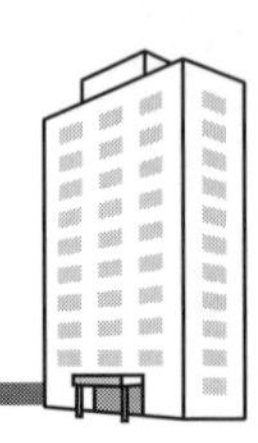

自治体の仕事というと、皆さんは何を思い浮かべますか。住民票の発行、税金の相談、社会保険料の手続きや支払い、あるいは結婚やお子さんの出生などの届け出――おおむねそんなところでしょう。

多くの場合、役所の1階にこうした窓口はあります。では、そのほかの2階から最上階までのフロアではどんな仕事をしているのでしょうか。おそらくは入ったこともない、イメージもつかめない方が大多数ではないでしょうか。

ニーズに最適化された自治体の組織編成

地方自治体は地域住民から税を預かり、それを財源として課題解決のさまざまな施策を行う組織であるというのは先に述べた通りです。

そのため、自治体の組織は原則的に「地域のお困りごとや、地域住民が必要としていることへの対応」のために最適化された組織編成となっているのです。

例えば、「元気のない地域の産業を元気にしなければ！」という課題であれば、地元の企業にさまざまな補助を行ったり、経営に必要なノウハウを伝えたり、お客様となるような人を呼んだりする取り組みをしています。こうした地元産業のお困りごとへの対応は、文字通り産業を振興することをミッションとした「産業振興課」が担う、といった具合です。

そのほかにも、高齢化社会の到来という課題に対応するための「高齢者福祉課」、生活に困っている方々のサポートや自立支援をする「生活支援課」など、部署の名前からも課題解決に特化した部署であることが容易に伺い知ることができますね。

また、「地域住民が必要としていること」に関して言えば、例えば「子どもの学校教育」があります。子どもの教育内容も「グローバル」「IOT」「キャリア」など、かつての教育ではあまり取り上げられなかったキーワードが出てきています。こうした社会の変化に対応し、次世代を切り開く教育内容を考えていくのが「教育委員会」です。

ほかにも、生活になくてはならない上水の供給や下水道の管理を担う「上下水道課」、道路や橋のメンテナンスを縁の下の力持ち的に担当する「道路建設課」などは、普段ほとんど意識しない都市機能をしっかりと支えてくれています。

民間企業の組織編成との違い

自治体営業で民間の営業担当者がつまづくポイントの一つが、組織編成の違いです。民間企業は、原則的に製品やサービスを生み出して提供する上流から下流のプロセスごとに組織が編成されています。

民間企業はざっくり言うと、上流からマーケティング部門・設計開発部門・調達部門・製造部門・流通部門・営業販売部門・カスタマーサポート部門などのように、製品やサービスを生み出し、お客様に届けるまでの流れに最適化されているのが一般的ですよね。

この組織編成が自治体と民間企業との決定的な違いです。民間企業の営業とは勝手が違って、どの部署に対して営業をかけていいのかわからず、本来提案すべき部署でないところに訪問してしまうことも。多くの場合、「自治体部署のたらい回し」はこうした理由で起こります。

では、民間企業の営業担当者は自社の製品やサービスの案内書を手に、どの部署に営業に行ったらいいのでしょうか？

行き先を知るためには、自治体の各部署の仕事の内容とどんな課題を持っているのかを「知る」こと。

というわけで、各部署がどんな仕事をしているのか。どんな地域課題

■民間企業と自治体の組織編成の違い

【民間企業】

マーケティング部門 → 設計開発部門 → 調達部門 → 製造部門 → 流通部門 → 営業販売部門 →

お客様

【地方自治体】

地域住民

ここに道路がないと不便だ！	▶道路建設課
災害が起こったらと思うと不安だ！	▶災害対策課・危機管理課
地域の商店街や産業に元気がない！	▶産業振興課・商工課
住民サービスを便利にしてほしい！	▶市民課・住民課
観光客をもっと呼びたい！	▶観光振興課・観光課
子育て支援を充実してほしい！	▶子育て支援課
両親の介護について相談したい！	▶高齢者福祉課

や住民ニーズに対応しようとしているのか、そして抱えているお困りごとは何か——。次節から、具体的な部署名を挙げてご紹介をしていきます。

自治体の各部署のお仕事徹底解説

この章では、自治体の各部署を部門ごとに分け、課ごとの仕事の解説と、どんなことを課題と考えているのかを紐解いていきます。全体を見れば、誰もが自治体の仕事の幅広さに驚かれることでしょう。私たちが日常生活で気にも留めないところにこそ、自治体職員の献身的な仕事があり、私たちを支えてくれているのです。

また、そうした幅広い領域の自治体部門が直面している課題を解決するために、どんな民間企業がビジネスとしてかかわっているのかも、可能な限り紹介していきます。

ちなみにこうした、自治体とかかわりのある民間企業は、原則としてプロポーザルや総合評価落札方式、入札などの方法でライバル企業を制して選ばれている会社ばかり。あなたの会社が、自治体職員が頭を悩ませている課題解決のために実力を発揮できそうな製品やサービスをお持ちなら、ぜひ案件獲得に挑戦してみてください。

なお、自治体によっては複数の課で担当すべき仕事を一つの課で担っていたり、課の名称が自治体ごとに微妙に異なったりしています。あくまでも目安としてご覧いただき、詳細はご興味のある地方自治体のウェブサイトなどで確認してみてください。

■各課の「お困りごと」に応じた民間企業への仕事の発注例　その1

【財政課】

仕事の件数が多く作業時間が増える一方…もっと生産性を上げて仕事をスピーディーにこなせるようにならないかなあ…

発注自治体	和歌山県橋本市
案件の名前	RPA導入業務
仕事の内容	介護保険業務などの作業量が多い仕事にRPAを導入。業務分析、導入効果測定、職員研修も実施
発注金額	300万円（上限）

【税務課】

ふるさと納税はありがたいけど、年々返礼品の発送や申し込み管理など仕事の負担の増え方が半端ない！

発注自治体	長野県庁
案件の名前	平成31年度ふるさと信州寄付金業務委託
仕事の内容	ふるさと納税の受付業務、寄付者の情報管理、返礼品発送手配業務、受領証明書発行、電話やメールによる問い合わせ対応等。プロモーションも実施
発注金額	本件の寄付金額×12%×108/100及び110/100寄附受領証明書対象発送通知1通あたり93円×108/100及び110/100

【管財課】

市が持っているだけの土地を地域の賑わいづくりや雇用の創出などの拠点として有効活用できないかなあ…

発注自治体	三重県伊賀市
案件の名前	伊賀市上野北部地区市有地活用
仕事の内容	地域に貢献する土地の有効活用事業を企画し実施
発注金額	受注企業の土地購入価格

■各課の「お困りごと」に応じた民間企業への仕事の発注例　その2

【産業振興課】

首都圏の消費者やバイヤーに、秋田市、男鹿市、潟上市の地場産品を知ってもらう機会がない……

発注自治体	秋田県秋田市・男鹿市・潟上市
案件の名前	首都圏等プロモーション業務委託
仕事の内容	地場産品を首都圏に対してPR、認知度アップと販売促進
発注金額	1,138万6,000円

【都市計画課】

冬の夜はまちなかが閑散として寂しいな。夜でも楽しめる風景を作って賑わいを出せないかなあ

発注自治体	愛知県豊橋市
案件の名前	まちなかイルミネーション装飾業務
仕事の内容	豊橋駅東口駅前広場をイルミネーションで装飾し、管理を実施。冬の街の賑わいと景観を創出。
発注金額	510万円

【生活安全課】

防犯に関する注意喚起の情報をいろんな媒体で発信しているのに、一元化されてなくて住民に届かない！

発注自治体	岐阜県警察本部
案件の名前	岐阜県警察防犯スマートフォンアプリケーション開発及び運用管理業務
仕事の内容	スマホを使う住民に防犯情報を一元発信できるスマホアプリの開発・運用
発注金額	1,595万円

【環境政策課】

エネルギー消費量をもっと抑えて、CO_2削減を進めたい。そのために廃棄物焼却施設から出る熱を利用できないか？

発注自治体	東京都武蔵野市
案件の名前	武蔵野市エネルギー地産地消プロジェクト
仕事の内容	武蔵野クリーンセンターの廃棄物を利活用しエネルギーを生み出し、エネルギーの地産地消を進めスマートシティを目指す
発注金額	平成30年度～令和２年度の３年間で６億1,140万円

【児童福祉課】

児童虐待相談は関係者とのスピーディーな情報共有が必須。なのに情報共有が紙媒体。子どもを救うためにはどうしたらいい？

発注自治体	山口県柳井市
案件の名前	児童家庭相談システム構築業務
仕事の内容	児童相談に関する紙媒体の情報共有を一元管理・共有するシステム構築
発注金額	639万9,000円

【農林水産課】

松山は海産物にも農産物にもいいものがあるのに、いま一つ消費者に伝わっていない。どのように情報発信すればいいだろう

発注自治体	愛媛県松山市
案件の名前	農林水産物の情報発信ツール作成等業務
仕事の内容	「まつやま農林水産物ブランド」の情報発信ウェブツール制作
発注金額	349万円

【公園緑地課】

市内には公園が900カ所もあるけど、荒廃しているところもある。交流や賑わいの場としてもっと公園を積極的に活用してもらいたい

発注自治体	兵庫県姫路市
案件の名前	姫路市パークマネジメントプラン策定業務
仕事の内容	市民参加で賑わう公園の利活用や維持管理のプラン作り
発注金額	700万円

【学校教育課】

小中学校の子どもたちに質の高い英語教育を受けさせてあげたい。そのための外国語指導助手をしっかり選びたい

発注自治体	鳥取県米子市
案件の名前	外国語指導助手配置事業
仕事の内容	小中学校での英語指導・英語活動にかかわる業務など
発注金額	2,952万4,000円

【情報政策室】

世界遺産「日光の社寺」を訪れた外国人観光客がストレスなく情報収集できたりSNSでタイムリーに情報発信できるようにしたい

発注自治体	栃木県日光市
案件の名前	日光市観光・防災Wi-fiステーション整備業務
仕事の内容	Wi-fiステーションの整備と「Nikko City Wi-fi」との連携
発注金額	1,425万8,000円

【観光課】

東京オリンピックのエストニア共和国ホストタウンであることや、健康長寿・食文化などを有効に発信して、インバウンドモデルを構築したい

発注自治体	長野県佐久市
案件の名前	外国人観光客（インバウンド）誘客促進事業委託業務
仕事の内容	外国人観光客の調査分析、インバウンドセミナー開催、多言語観光ガイドパンフレットの作成、モデルプラン・ファムトリップの企画と実施、誘客推進検討委員会の運営支援
発注金額	560万円

2-2 総務部門

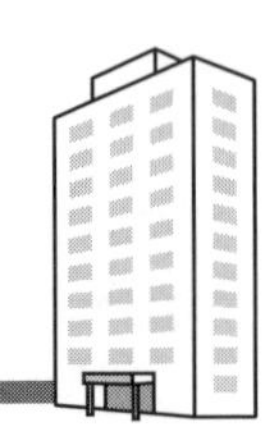

地方自治体の総務部門とは、まさに司令塔。自治体内部のマネジメントを一手に担い、各部署の予算などのお金回りや人事・内部管理の全般を統括し、幅広い分野の仕事に取り組んでいます。

財政課

地域のさまざまなお困りごとを解決するために、地域住民や企業から預かった税金を管理する部署が、ここ財政課。年間の予算を組んだり予算の使い道を厳しくチェックしたり、自治体の財布の紐を握っている部署です。そのほか地方債の発行、地方交付税の算定、基金の管理など、自治体のお金回りに関する業務全般を引き受けています。

財政課の課題は、やはり限られた予算をどのように効果的に使うか。その最適解を探しつつ、毎年度の予算編成を何カ月もかけて査定しています。

税務課

「課税課」「市民税課」「収税課」というような名称で呼ばれることもある税務課。住民や事業者から税を預かる活動を行っています。そのほかに課税・納税証明書の発行や、市区町村では原付バイクの登録を担うことも。昨今ではふるさと納税のPRなども大切な仕事の一つになっています。

この課のお困りごとは、やはり税の滞納についてです。督促状を出したり、ときには財産の差し押さえに踏み切ることもあります。「滞納整理」

というこの仕事は、とかく地域住民からは忌み嫌われがちです。でも、みんなで持ち寄って地域の役に立てるというのが税の趣旨。住民の方はしっかりと税を預けてもらいたいものです。ただ、どうしても事情があって税を納められない、財産もない人には、自治体によっては滞納処分を停止することもあります。

また、地域住民の人数が多ければ多いほど、その分事務処理量が膨大になるのもこの課の課題といえます。

こうした課題に力を発揮するのが、税務処理作業の一部を引き受けられる知識や技術を持つ、情報処理・データ管理関係の民間企業です。そのような場合は、税務関係のデータの処理や入力、エラー処理、資料作成、住民とやりとりした郵便物の管理などを受託し、自治体の税務処理の円滑化に貢献しています。

管財課

自治体は想像以上にさまざまな財産を持っています。土地建物は言うに及ばず、公営住宅、美術館などの文化施設、道路なども入ります。こうした公の財産を「公有財産」といいます。その中でも庁舎となっている建物や公用車など、自治体が利活用する財産のメンテナンスや管理を行う部署が管財課です。

特に庁舎管理が代表的な仕事で、清掃や警備、総合受付業務やコールセンターなどを統括。もちろん、これらの庁舎管理に必要なLED電球などのさまざまな資材を民間企業から買っている部門でもあります。

この部門の課題は、やはり維持管理の効率化やコストカットに関すること。省資源、温室効果ガス削減、省エネルギーなどは大きな課題といえます。

こうした課題を解決するために、エネルギー関連のノウハウを持つ民間企業は言うに及ばず、清掃・警備を受託する会社や、総合受付・コールセンター専門の人材関係企業が活躍しています。

人事課

自治体組織は、特に地方であれば、地域で最も大規模な事業者だったりします。もちろん、そこで働く自治体職員の数も相当数います。ちなみに東京都の職員数は2018年度で16万8,106名。トヨタ自動車（単独）の社員数の倍以上ですから相当な人数です。

こうした自治体職員の人員配置や人材育成計画づくり、福利厚生、給与・手当など、働くうえでのさまざまなルールを作ったり職員に研修をしたりするのが人事課。「職員課」「人材育成課」といった名称の場合もあります。

人事課の代表的な課題は、職員の人材育成に関するものです。変化する社会課題にどのように公務員として対応するのか、そのために必要な知識やスキルは何か、いつも試行錯誤をしています。

この分野で活躍しているのは人材育成や研修を提供するヒューマンリソースマネジメント関係の民間企業。新規採用職員研修や公務員倫理研修、職員の階層別研修などのほか、コーチングやファシリテーションなど、コミュニケーションに関する研修も数多くの民間企業によって実施されています。また、テーマによっては研修講師が単独で講演を引き受けることもあります。

人材育成のあり方は自治体によって異なり、それぞれの自治体で「人材育成基本方針」という形で取りまとめられています。自治体によってはウェブサイトに公開されていますので、そちらをぜひご覧になってみてください。

総務課

行政のルールを司るプロ集団がこの総務課の職員たち。

地方自治体は、組織として多様な意思決定を行い、自治体外部のさまざまなステークホルダーと情報の受信・発信をしています。こうした対外的な自治体としてのオフィシャルなやりとりや、文書の受け取り・発送、条例や規則の制定のときの文言チェック、関連法令・ルールとの整合性チェックなどは、こちら総務課の仕事。「行政課」などと呼ばれることもあります。

特に外部への情報公開に関しては、「情報公開課」として別の課が設置されていることもあります。

総務課の課題は、やはり膨大な情報の処理。文書管理システムなどの導入が解決策として講じられており、ICT関係の民間企業が、総務課の煩雑な文書管理業務をサポートしています。

広報・広聴課

税を預かっている自治体にとっては、預けてくれた地域住民に対して自治体の施策や事業、その実施状況などを知らせる義務がありますよね。こうした地域住民への情報発信の仕事が「広報」。

一方で地域住民からの声に耳を傾け、自治体の取り組みに生かすことも大切。この仕事は「広聴」と呼ばれ、広報の仕事と一緒に担う部署は「広報・広聴課」という名前がついています。

広報の具体的な仕事の内容は、地域の催し物や市民活動のお知らせ、行政運営の情報などを記載した広報誌を発行したり、公式ウェブサイトの内容を考えたり、ときにはシティプロモーションに取り組んだりします。その対象は自治体組織そのものがかかわる取り組みだけではなく、地域の産業や観光資源のプロモーションなどにもフォーカスしています。

一方、広聴の仕事内容は、例えば「市長への手紙」というような市政への意見を受け付ける窓口を設けて対応するなどです。

広報と広聴、どちらも自治体と地域との距離を、コミュニケーションを通じて縮める役割を果たしています。

さて、この課の課題は、外部のステークホルダーとのコミュニケーションの効果を高めることや、効率を上げること、また住民にきちんと情報が伝わるようにすることなど、枚挙にいとまがありません。

このような領域は、まさに民間企業が得意とする分野です。

広報誌のコンテンツ企画、デザイン・編集に始まり、地域観光資源や物産のプロモーション施策など、広報全般でプロモーション会社や広告代理店といった民間企業が活躍しています。

契約課

自治体ビジネスの発注ルールや手続きを決めて運用する大元の部署が、こちらの契約課です。自治体から発注されるほぼすべての領域の仕事に関する入札制度の決定・運用や契約事務を行っています。

建設工事や業務委託、リース、物品の購入など、民間企業への業務の発注の元手は地域の住民や法人から預かった大切な税金。そこから発注を行うわけですから、不正がないように透明性・公平性・公正性が確保されたルールを作り、運用にも目を光らせます。

また、民間企業からものを買ったり仕事を頼んだりする価格が適正であるかどうかチェックしたり、企画提案の審査会の事務方を担ったりもします。発注先企業との契約事務や電子入札なども契約課の仕事です。

民間企業としては、契約課から直接の仕事を受託するケースはほとんどありませんが、どんな領域の自治体ビジネスであっても、受注した後すぐに、契約課と契約手続きのやりとりをします。

落札から契約までの手続きのプロセスや契約書の雛形などはほとんどの自治体の公式ウェブサイトで開示されており、ダウンロードできます。あらかじめ目を通して不明点をピックアップし、落札後に契約課に確認できるようにしておきましょう。

2-3 企画部門

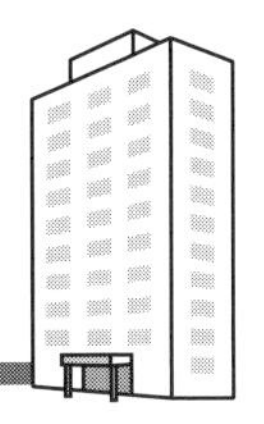

企画部門とは、その自治体を長い目で見たときの方向性を示す計画を作ったり、地域振興に関する諸々の課題に取り組んだり、将来的な自治体運営に必要な調査研究を行ったりする、自治体の頭脳ともいえる部門です。変化する社会情勢に対応したさまざまな新しい仕事は、主にこちらの企画部門が担います。

企画課

「企画政策課」などと呼ばれることもあるこちらの部署は、民間企業でいうと経営企画室に当たります。民間企業における中長期経営計画に当たる、自治体運営の長期的な構想を示した「総合計画」と呼ばれる計画書を取りまとめたりしています。

また、その自治体の将来を左右する新しい業務領域は、まずこの企画課が担当することが少なくありません。ここ数年大変な盛り上がりを見せている「地方創生」はその代表例。

地方創生については「まち・ひと・しごと創生総合戦略」という移住・定住や地域に訪れる人を増やすための計画書が作られ、そのためのさまざまな施策を企画課が担当しています。

なんといっても一番の課題は、先に触れた地方創生。地域に人を増やすための具体的な施策としてはＩ、Ｕ、Ｊターンや観光振興、産業振興、企業誘致、プロモーションなどがあります。このような施策は企画課だけでは対応できない部門横断的な取り組みが必要であり、また民間企業のノウハウも不可欠です。

特に人を街に呼び戻すためのさまざまなイベント、ツーリズム、プロモーションなどを組み合わせた施策について、ICT、ベンチャー企業、広告代理店、旅行代理店、交通事業者、起業家支援、エンターテインメント企業など、さまざまな民間企業が自治体とのビジネスに取り組んでいます。

地域振興課

こちらの部署は、文字通り地域の振興に関するあらゆる取り組みを担います。「まちづくり課」「地域づくり推進課」などという名称がつけられていることもあります。

観光名所などによる地域おこしは別に観光振興課などが担当しますが、企画部門内の地域振興課は、全体的な地域振興のコンセプトや計画をまとめる役割を担います。

課題としては、やはり地域の総合的な賑わいをどのように創出していくか。人口減少のなか、決め手が見出せないところです。まちづくり全体を考えなければならないので、もともとある地域資源、地場産業、住民活動、外部との交流などの要素をどう組み合わせればまちの未来が描けるのか、いつもさまざまなデータや情報を求めています。

こうした地域振興課とタッグを組む代表的な民間企業は、ビッグデータなどのデータ分析に長けた企業やコンサルタント会社。まちづくりの将来動向についての、さまざまな角度からのデータ解析を、それらの企業がサポートしています。

交通政策課

住みよいまちづくりに欠かせないのは、まちのどこにでも快適に移動できるための道路や公共の交通機関です。これらをまち全体の発展を見据えながら、さまざまな交通政策を考えるのが、企画部門にある交通政策課です。「交通対策課」などと呼ばれることもあります。

もちろん自動車や鉄道だけではなく、地域によっては水上交通やモノレール、航空も守備範囲となります。

こちらの課が取り組む主な地域課題は、少子高齢化が進む地域の公共交通やインフラをもっと住民にとって便利なものにできないか、さまざまなプランを考えることなどです。

例えば、相乗りタクシーの導入やコミュニティバスなども必要な施策ですよね。課として民間のタクシー会社やバス会社などの交通企業と連携して、こうした新たな公共交通システム作りに取り組んでいます。

情報政策課

ずっと紙媒体主体だった自治体組織内部におけるコミュニケーションも、昨今ではICT（情報通信技術）を活用した迅速な情報共有が不可欠です。庁内の基幹システムの構築だけではなく、住民が申請する各種申請書の電子化なども地域からの要望が高いものといえます。

こうしたICT関連の諸々を担当しているのが「情報政策課」です。「IT推進課」と呼ばれることもあります。

行政経営のICT化は待ったなし、電子決済システムや、文化センター等の庁外施設の予約システムの整備など、情報政策課の仕事量や領域は拡大の一途をたどっています。

この分野で多くの民間企業が活躍しているのは、誰でも容易に想像できると思います。ICTに関するサービスや技術を持つ大手やベンチャー企業が入り乱れて、さまざまなICT改革を自治体と一緒に取り組んでいます。

2-4 住民生活部門

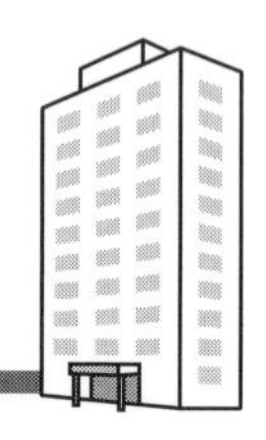

住民生活部門は、地域に暮らす人々に最も近い仕事をしている部署です。同じく住民と接する機会が多い税務関係の部署が、こちらの部門に組み込まれていることも少なくありません。

住民課

皆さんおなじみの住民課。「市民課」という名称だったりもします。結婚したとき、お子さんが生まれたとき、ご家族が亡くなったとき――そんなときの届け出を受け付ける部署がこちら。そのほか、住民票の交付や戸籍の管理、マイナンバーカード、外国人登録などもここが窓口です。ただし、この仕事は市区町村だけ。都道府県にはこの部署はありません。地域住民に近い存在である、市区町村ならではの業務ですね。

さて、この課の課題は、さまざまな届け出や書類をどうしたら効率よく管理し、短時間で発行して住民を待たせずに済むかです。コンビニでの住民票発行などは一つの答えですね。

こういう課題こそ民間企業が活躍できる分野で、ICT技術を持つ企業のほか、窓口対応は人材派遣会社などが丸ごと引き受けて難しい住民対応を引き受けていたりしています。

市民活動推進課

「住民生活課」「協働推進課」などの名称で呼ばれることもあるこちらの市民活動推進課。地域住民をサポートするさまざまな活動は100％自治体だけでできるわけではありません。自治体の手の届かない細かい補完的な活動を担うのが、地域の自治会、町内会などの住民自治組織です。市民活動推進課はこうした組織とまめに連絡をとりながらきめ細かい住民対応を進めています。

また、NPO（民間非営利組織）の活動支援や活性化なども担当分野。NPOの活躍の場を自治体が設けて、仕事を依頼することも少なくありません。

こちらの部署では、なんといっても住民自治の活性化と担い手づくりが大きな課題です。自治会や町内会は高齢化が進んでおり、構成メンバー数も減少の一途をたどっています。情報共有のICT化も対策が求められています。

生活安全課

地域住民の生活には思わぬ危険が潜んでいます。そんなことにならないよう、住民のさまざまな暮らしの安全面に気を配る部署、それが生活安全課です。「地域安全課」「消費生活センター」などと呼ばれることもあります。警察と一緒に交通安全教室を開いたり、防犯の意識を高めるさまざまなイベントを企画したりします。近年、巻き込まれる方が多い消費者トラブルに関する相談の対応なども、この課の活動の一環です。

この課の悩みは、どうしたら地域住民に交通安全や防犯、消費者を取り巻くリスクについての意識をしっかり持ってもらえるかということ。住民と一緒に防犯マップを作るなど、参加型の取り組みで意識を高める工夫もしていますが、なかなか地域に目が向かない人々には伝わらないのが現状です。

この辺りの伝える技術は民間企業が得意とするところですね。ポスターやパンフレットの企画・編集・印刷やイベントの企画などは、民間企業がかかわって実施するケースも少なくありません。

文化課

さまざまなジャンルの文化に親しむ住民への文化活動の支援も自治体の大切な仕事の一つ。それらは文化課が担います。市民会館や市民ホールなどを拠点にコンサートや芸術祭の開催、地域の伝統文化行事の後援などに取り組んでいます。

また、国際交流も守備範囲のど真ん中。実は皆さんがお住いの自治体は、海外のまちと姉妹都市だったりすることも。そうした姉妹都市との国際交流や外国人住民の生活のサポート、多様な人々が暮らしやすい多文化共生の地域社会づくりなどに取り組んでいるのも、文化課です。そんな仕事の範囲から、「文化交流課」「国際課」などと呼ばれることもあります。

文化課の課題は、人と人とをつなげる交流。大規模な文化交流イベント企画や国際交流会の実施などに、民間の広告代理店やイベント企業、エンターテインメント企業が大活躍しています。

そのほか、海外交流に取り組むNPO法人も大きな存在感がある分野です。世界中の国や地域との草の根交流を自治体と一緒に取り組んで、数多くの実績を上げています。

2-5 環境部門

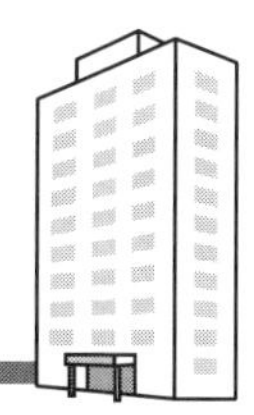

環境部門は、高度成長期に深刻化した公害問題、開発に伴う自然環境保護の機運の高まりから、比較的近年に設置された部門です。公害問題やゴミ問題などのほか、深刻化しつつある地球環境問題もこちらの環境部門が担当しています。

公害対策課

皆さんは「典型７公害」という言葉を耳にしたことはありますか？大気汚染・水質汚濁・騒音・振動・悪臭・地盤沈下・土壌汚染の７つ。多くの人々がこのような人為的な原因で健康を害し、ときには命を落とすこともありました。かつての高度成長期の闇の部分として、この７つの公害を規制する法律が昭和40年代に国会で相次いで成立し、現在では環境基準値を定める法規制によって、私たちの生活を取り巻く環境は回復しつつあります。

環境基準値の測定やモニタリング、規制を担うのが公害対策課の仕事です。目立たない仕事ですが、私たちが日常生活でストレスのない空気や水環境が保たれているのは、こちらの部署の仕事のおかげです。「生活環境課」「環境対策課」などという部署名がついていることもあります。そのほか、路上喫煙対策、大気中の放射線量の測定を行う場合もあります。

この領域では、大気や水質・騒音・振動などの環境測定を専門とする民間企業が、自治体の環境モニタリングをサポートしています。

環境政策課

自然環境の保全や、地球環境問題に取り組むのが環境政策課の仕事。公害対策よりも地理的に広範囲な環境問題が守備範囲です。「環境保全課」「温暖化対策課」などという部署名の自治体もあります。

具体的には野生生物の生態系を保護するための保護区を指定したり、地球温暖化対策のために温室効果ガスの排出削減に取り組んだりしています。子どもたちを対象にした環境教育なども環境政策課の領域です。

こちらの部門の課題は、なんといっても普及啓発活動。自然環境や生態系の保護、温室効果ガスの削減は、地域住民一人ひとりの行動や企業の経営姿勢に大きく影響されるからです。

でも、このような分野はなかなか自分ごとにならないのが厄介なところ。ここは民間企業の腕の見せどころですね。特に毎年6月の環境月間では、ポスター制作やイベント企画、啓発パンフレットの作成などの仕事が、全国の自治体から民間企業に発注されます。

また、地球温暖化対策のための自治体の計画書づくりは、専門的な解析ができるコンサルタント会社がサポートすることもあります。

廃棄物対策課

いわゆるゴミ問題に取り組むのがこの廃棄物対策課。「リサイクル推進課」などと呼ばれることもあります。ゴミといっても、ゴミを出すのが誰かによって担当する自治体も変わることを皆さんはご存知ですか。家庭から出るゴミの処理は市区町村の役目。一方、企業の事業活動によって出る廃油、廃部品、薬品などは産業廃棄物と呼ばれ、処理は都道府県の役割です。

さて、こちらの部署の悩み。家庭ゴミは、やはりゴミの量を減らすのが一番の課題で、地域住民と一緒にリサイクルに取り組む自治体は少なくありません。NPO法人などが市民を巻き込んで、活動の活性化に一役買っています。

一方、産業廃棄物処理については、許認可を受けた産業廃棄物の収集・運搬・処理業者が担っています。ところが、心ない処理業者によって産業廃棄物が捨ててはいけないところにこっそり捨てられているという問題が頻発しています。

産業廃棄物の不法投棄と呼ばれるこの問題、廃棄物の追跡の仕組みをICT化してはいるものの、まだ徹底にはほど遠いのが現状です。ここはさらに民間企業の技術の導入が待たれるところです。

2-6 保健福祉部門

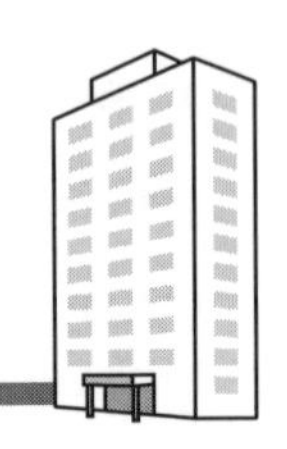

保健福祉部門は、保健衛生のほか社会福祉に関する仕事など、非常に多岐にわたっています。昨今では医療人材の確保・育成、少子化対策、子ども・子育て支援、食育など、いままでなかった領域に取り組むようになりました。

特に、住民ニーズの高まり、業務の高度化・専門化が進み、自治体組織の中で最も力を入れるべき分野になりつつあります。また、報道でその深刻さがしばしば取り上げられる児童虐待、生活保護などもこちらの部門の仕事です。

保健予防課

人生100年時代。いま、総合的な健康づくりへのニーズが高まっています。糖尿病などの生活習慣病が死亡原因の多くの割合を占めるようになったことが大きな要因です。

保健予防課は関係機関とも連携し、生活習慣病の予防など、さまざまな健康づくりのための施策を行っています。「健康増進課」「保健センター」などとも呼ばれますが、保健所を設けている自治体では保健所がその役割を担っています。

最近、特に力が入れられているのが、病気になってからの対応ではなく、病気にならないための「未病」対策。食生活の改善指導や健康づくりのさまざまなシステム、事業、普及・啓発の取り組みに、専門知識を持つ製薬会社、医療機器メーカーなどの民間企業が業務を受託し活躍しています。

社会福祉課

「福祉総務課」「福祉指導課」などと呼ばれることもあるこちらの社会福祉課。福祉関係ボランティアの振興、生活保護の実施、人権施策の推進、災害援助など、地域で困難に見舞われている住民のサポートやセーフティネットにかかわる領域を担当しています。

特に生活保護については、生活保護を受ける人の相談に乗ったり、自活に向けたきめ細かい対応をしたりと、地域住民の人生に向き合う重要な役割を担っています。

児童福祉課

「子ども課」「子ども家庭課」などと呼ばれることもある児童福祉課は、文字通り、子どもに関するあらゆるサポートを担っています。地域における子育て支援、児童虐待対策、母子家庭への支援など多岐にわたっています。昨今では少子化対策を担当することもあります。

この分野では、子育て支援について孤立しがちなお母さんをサポートするさまざまな取り組みで民間企業が大活躍しています。子育てアプリの開発、お母さんを精神的に助ける情報提供など、枚挙にいとまがありません。

また、児童虐待対策では、関係機関の情報の迅速な共有が課題です。ICT技術を活用した効果的なシステムの設計などに、民間企業のノウハウが求められます。

高齢者福祉課

高齢化社会が本格化するなか、高齢者がいきいきと活躍する社会づくりを推進するのがこの課の役割。お年寄りの社会参加を促したり、介護予防に結びつく健康づくり、生きがいづくりに取り組んでいます。最近ではエンディングノートづくりのサポートなども行っています。

高齢者福祉課の課題は、ここで述べたさまざまな取り組みの効果をどうしたら高めていけるのかです。地域住民の高齢化が進むなか、民間企業の技術や知恵が最も必要とされている分野でもあります。

特に課題となっているのが「地域包括ケアシステム」。地域における「住まい」「医療」「介護」「予防」「生活支援」の５つのサービスを一体的に提供できるケア体制を構築しようというのが狙いですが、連携の仕組みがなかなか機能しないケースもあります。こうした地域の取り組みをマネジメントできる人材の育成も課題となっています。

障がい者福祉課

障がい者福祉に取り組むこちらの部署。障がいを持つ人が地域で普通に暮らせる地域づくりが主な仕事です。障がいを持つ人の暮らしに必要な障害者手帳・療育手帳などの交付から、支援のためのさまざまな手当ての手続き、日常生活用具の購入費用の助成なども担当します。

いままでは「援助」が中心だったこの領域、近年は障がい者の自立のサポートや地域社会との交流など、地域で健常者と共に生きるためのさまざまな取り組みを行っています。

保険年金課

私たちの暮らしに身近な保険や年金。市区町村では、国民健康保険、後期高齢者医療制度、国民年金などの業務を担っています。

加入や脱退の手続きのほか、医療費の給付、保険料の賦課・徴収、特定健診・特定保健指導なども行います。地域住民と接する機会がとても多い部署といえるでしょう。

2-7 商工部門

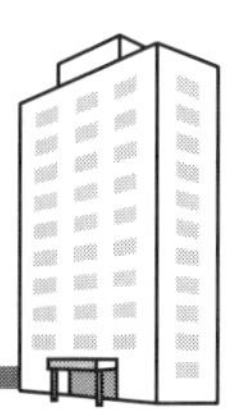

商工部門では文字通り、商業や工業などの地域産業を元気にすることが最大のミッション。自治体にとっては産業が活性化すれば地域の住民の暮らしも豊かになりますし、また預かる税も潤沢になります。経済活動が多種多様になってきているため、商工部門の担当領域も年々幅広くなっています。

産業振興課

さまざまな事業活動を行う民間企業はまさに地域経済の牽引役。産業振興課の役割は、こうした民間企業が事業をスムーズに展開できるよう、経営・技術・金融などあらゆる後方支援を行うことです。

ただ、これらは必ずしも自治体単独ではなく、商工会・商工会議所などの業界団体や、地元の金融機関・大学といったさまざまなステークホルダーとパートナーシップを組み、ネットワークを生かしながら展開されています。一言で産業といっても多岐にわたるため、工業なら「工業振興課」、観光なら「観光振興課」、商業なら「商工課」というように「振興したい産業分野＋課」の名称が付けられ、それぞれの領域で民間企業の活性化に取り組むこともあります。

この産業振興課の課題は一つひとつ挙げていくときりがないほど、たくさんあります。産業振興全体でいえば、地元企業への経営支援や事業承継、資金難への対応などをどうするか。観光振興については、観光客をどのようにして呼び寄せ、リピートしてもらうか。また、そのためのマーケティングやプロモーションをどうするのか。さらには観光施設をどう整備し、受け入れ態勢をどうするのか。商工分野については、まちの商店街に賑わいを取り戻すための秘策はあるのか。このように課題は枚挙にいとまがありません。この分野では、民間企業との連携が最も効果を発揮します。自社の製品、コンテンツ、サービス、技術、ノウハウを生かしてあらゆる企業が活躍しています。

職業能力開発課

地域の産業を活性化させ競争力を高めるためには、産業に携わる地域住民の技術力やサービス向上が欠かせません。そんな地域住民の職業能力をサポートする部門、それが「職業能力開発課」「産業人材育成課」などとも呼ばれるこちらの部門。職業訓練や研修の実施企業の社員教育訓練の支援などを行っています。

特に都道府県では、職業能力開発促進法という法律に基づき設置された「産業技術学院」「高等技術訓練校」などの名称の学校があり、多くの人がここで技術を身につけ巣立っています。

労働政策課

「雇用対策課」などとも呼ばれることがあるこちらの労働政策課は「働く」ことに伴うさまざまなお困りごとに対応しています。

雇用の安定を図るための企業への支援、仕事と家庭の両立に向けた意識啓発や相談窓口の設置、若者・高齢者・女性・障がい者の雇用促進など、地域住民の暮らしの変化に対応した、さまざまなサポートを展開しています。特に雇用については景気の変動を受けやすいので、特別に「地域就労支援センター」などを設け、雇用が安定せずに悩んでいたり失業している地域の方に対して、徹底的に寄り添っています。

この分野で活躍が目立つのは、主に普及・啓発やコミュニケーション、雇用などに関する専門知識やノウハウを持つ民間企業。これらの企業が自治体と連携して、地域で働く人の助けになっています。

2-8 農林水産部門

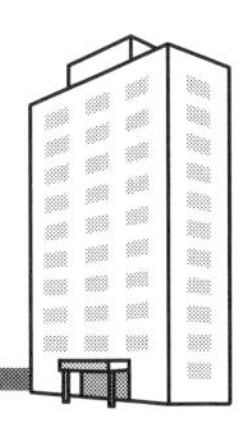

農林水産部門は文字通り、農林水産業に関する諸々のサポートを行います。仕事の内容に自治体ごとの地域特性が最も出てくる部門です。農道・林道の整備などのハード事業のほか、地域の特産品の販売促進や産業の担い手の育成、農林水産物のブランディングなど、幅広い役割を担っています。

農業振興課

いつも農家の方々と共に歩むこの農業振興課は、田んぼや畑の灌漑(かんがい)施設を整備したり、農家の経営・技術指導や、農業の担い手の確保・育成を担当します。

「農政課」などと呼ばれることもあるこちらの部署、特に昨今の農業は農産物の地域間競争の激化を背景に、農産物を加工して地域の目玉商品を開発したり、商談会やキャンペーンの展開などにも力を入れるようになりました。

この部署と共に活躍する民間企業は食料品メーカー、農業指導を専門に行う団体、ブランディングの専門家などです。少しでも地域の農産物の魅力を引き出そうと、日々自治体や農家の方などとともに奔走しています。

林業課

我が国における森林の面積は67％。山間地域の地方自治体にとっては、主要な産業が林業というところもあります。この林業課の仕事はずばり

「林業の振興」。産業としての林業を活性化させることはもとより、水源涵養、生物多様性など、森林が持つ機能の回復・保全も役割です。

森林を健康に保つためには人の手が欠かせません。間伐やそのための林道の整備も大切な仕事の一つです。もちろん林業就労者を確保するためのプロモーションなどにも取り組んでいます。

この分野では市民参加も活発に行われており、森づくりや環境学習に地域ぐるみで取り組む自治体もあります。民間のNPO団体やツーリズムに取り組む民間企業などとも深くかかわりながら、林業を振興させ、かつ森林と共にある暮らしを守っています。

水産振興課

「漁業課」などという名称がついていることもあるのがこちらの水産振興課。自治体の地理的特性によって設置されていないこともありますが、先に触れてきた農業・林業と同じように、水産業の振興や発展のためのあらゆる取り組みを行っています。

農業や林業と異なるのは、漁業は野生の生き物が対象となる点です。また、河川・湖沼・海を問わず、漁業はときには命がけ。そんな漁師たちのために漁港・漁場を整備するのも大切な仕事です。

農業・林業分野と同じく、この部門で活躍している企業は販売力強化、経営合理化支援、担い手育成などの分野で、民間ならではの強みを生かしています。

農村環境課

いままで紹介してきた農林水産業の振興に携わる部門とはちょっと異なるのがこちらの農村環境課です。農村や漁村地域の住みやすい環境を整備するため、集落道路や農業集落排水施設、農村漁村地域のコミュニティセンター建設などのインフラ整備を担当しています。

ここ最近の動向としては、都市部に住む人々に対する農村・漁村暮らしの情報発信が挙げられます。例えばアグリツーリズム（観光型体験農業）、ブルーツーリズム（観光型体験漁業）というような体験型イベントを企画して、農村・漁村の魅力を積極的に伝えています。

こうした交流事業には、民間企業がウェブメディアの制作などでかかわるケースが多くあります。どちらかというと、自治体が得意ではない情報発信を民間がうまくサポートして進めています。

2-9 土木・建設部門

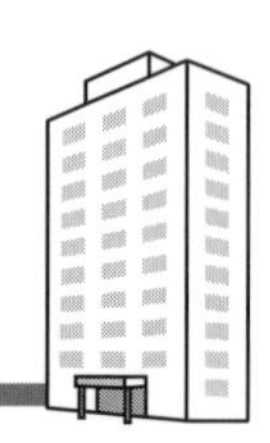

地方自治体の仕事というと誰もがまず思い浮かべるのが、こちらの土木・建設部門でしょう。一言でいうと、地域住民の生活を支えるインフラ整備を担っています。

道路、橋梁、ダム、港湾、河川の護岸整備、公園、住宅、山間部の地滑り防止工事などは、普段意識はしませんがどれも生活には欠かせないものばかり。この土木・建設部門は、非常に幅広い領域で、私たちの生活を支える仕事をしています。

また、これらのインフラの建設工事の前段階である、将来に向けたまちづくりの計画策定もこちらの部署の大切な仕事となっています。

道路建設課

地域の道路や橋梁回りの整備がこちらの道路建設課の仕事。「道路整備課」などの名称がついていることもあります。

近年では新しい道路を作る仕事よりも、すでにある道路のメンテナンスや道路環境の整備のほうが主要な仕事になっています。例えば電線の地中化や側溝の整備、歩道の整備などがありますね。これらのメンテナンスや整備については、「道路維持課」「道路管理課」などの部署が設けられ担当していることもあります。

こちらの部署とかかわりが深い民間企業は、誰もが容易に想像ができる建設・土木工事関連企業です。また、工事に入る前に必要な測量や地質調査などにおいても専門の民間企業が活躍しています。

河川課

河川課が担うインフラ整備は災害防止が主な目的。広い範囲に及ぶため、都道府県に設置されることが多い部署です。

業務内容は河川の氾濫を防ぐ護岸や堤防の整備、海岸線の高潮対策、ダムや砂防設備（砂や砂利が沢などに沿って流れ落ちないようにするために塞(せ)きとめる構造物）、地滑り防止のための工事や急斜面などのがけ崩れを防ぐ工事など、どれも暮らしの安全・安心には欠かせません。近年は自然災害の被害が大きくなるなか、地域にとって河川課は大変重要な仕事を任されている部署であるといえるでしょう。

こちらの部署も道路建設課と同じく、専門の建設・土木工事会社が、自治体からの仕事を受けてインフラの整備や維持管理を担っています。

都市計画課

こちらの都市計画課では、道路や公園などの工事にかかる前に、そもそもどこにどのくらいの長さの道路が必要か、どこにどんな公園を作るのかなどを検討して計画にまとめるのが仕事です。こうした計画は「都市計画」と呼ばれ、この計画に沿って道路や公園が作られたり土地区画整理がなされ、地域のインフラが整備されます。

こちらの部門で活躍する民間企業は、行政のさまざまな計画づくりのプロフェッショナルであるコンサルタント会社です。特に土木・建設部門では、建設コンサルタント会社が昭和の高度成長期から自治体とタッグを組んで国づくりに取り組んできました。

近年では、今後の未来に向けたまちづくりの青写真を描くのが必要であるため、地球温暖化対策やエネルギー問題対策、ICT技術を駆使した高度な研究成果に基づく計画づくりが求められています。

下水道課

私たちの暮らしになくてはならない上下水道。上水道・下水道の整備や維持管理を担うのがこちらの部署です。自治体によって上水道と下水道で課を分けているところもありますが、ここでは普段あまり目につかない下水道課の仕事を紹介しましょう。

公共下水道は原則として市町村がそれぞれ整備・運営することになっています。一方、２つ以上の市町村でまとめて整備するほうが効率的な場合は、都道府県が整備・運営しています。ただし、東京都の23区は例外で、すべて東京都が行うことになっています。

下水道の整備・運営といっても、ときどき目にする下水道管の工事はその分野のごくごく一部。下水道のポンプ所の建設や稼働、管理事務所でのさまざまな業務、水処理センターのプラント運営や維持管理、高度な技術を使った汚水処理の運用、下水汚泥のリサイクル、下水道行政の普及啓発・プロモーション、環境学習イベントの実施なども下水道課の仕事です。

このように範囲が非常に広く、領域ごとに専門知識や技術を持つ民間企業が自治体と一緒に仕事をしています。

公園緑地課

特に人口の多い都市では、地域住民の憩いの場である都市公園や緑地は日々の生活に潤いをもたらしてくれます。また、高い緑被率は、ヒートアイランドの緩和や地球温暖化対策、自然生物種の保護などにとても重要な役割を果たします。

こうした緑地や都市公園の計画や整備、維持管理を担うのが、こちらの「公園緑地課」。児童公園のような小さなものから、複数の自治体にまたがる広域公園まで、さまざまです。

この部門には建設・土木関連企業だけではなく、遊具のメーカーや緑化・造園事業を展開する企業も数多く活躍しています。

住宅課

公営住宅の整備・管理を担うのがこちらの住宅課。公営住宅ですから、経済的に厳しい生活を強いられている地域住民にとってはとてもありがたいものです。

ただ、近年では公営住宅の建設は民間企業に委ね、その代わりに入居者への支援が住宅課の主な仕事になってきています。

建築指導課

建設・土木関連企業にとっては日々当たり前のように連絡をとっているこちらの建築指導課ですが、そのほかの民間企業にとっては、ほとんど業務内容を知られていない部署なのではないでしょうか。

地域に建物を建てるときには、さまざまな法規制で定められた基準などを満たさなくてはなりません。こうした規制は私たちの暮らしを守っています。

例えば、自分の家の目の前に突然高い建物が建てられたり、敷地の隣にパチンコ店ができたりすると諍(いさか)いの元になってしまいますよね。

都市部ではこうした建物がらみのトラブルを未然に防ぐため、建築物の建築計画が関連法令に適合しているかどうかや、都市計画法に基づき無秩序な開発になっていないかなどをチェックするのが、建築指導課の仕事です。

特に都会で暮らす住民にとっては、普段意識していない快適な都市生活が実現しているのはこの部署があるからこそ。専門職のユニフォームの似合う職員が、毎日のように建築関係の民間担当者から持ち込まれる図面や資料を見ながら、暮らしを支えています。

2-10 教育部門

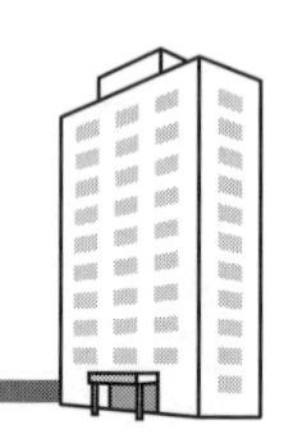

「教育委員会」と呼ばれる組織によって運営されているのが教育部門です。自治体職員は都道府県および市区町村の長の下でさまざまな仕事を展開しています。都道府県・市区町村長の下で行政サービスを実行する部署を総括して「首長部局」といいますが、この首長部局とは全く別の独立した組織が教育委員会です。

「委員会」という用語は、民間企業にとってはなじみがなく、とっつきにくい面もあるのではないでしょうか。一般的な組織との一番の違いは意思決定のあり方です。重要な物事をトップの決裁で決めるのではなく、選ばれた委員によって話し合って決める、「合議制」という仕組みで運営されています。

なぜこうした制度をとっているのでしょうか？　それは「教育」という特殊な領域であるためです。その内容が中立公正であることと、また子どもの健全な成長・発達のための学習期間を通じて、教育が一貫した方針のもと安定的に行われることが重視されているのです。

教育委員会は数多くの施設を運営管理しています。自治体の規模にもよりますが、美術館・博物館・公民館・スポーツセンターなどの施設は、地域住民のニーズに応える運営が求められるため、「指定管理者制度」に基づき、民間企業に管理運営を任せることも数多く見られます。

学校教育課

読んで字のごとく、学校教育を推進するのがこちらの学校教育課の仕事。幼稚園、小学校、中学校、高等学校、特別支援学校などを設置し管理しています。幼稚園、小学校、中学校は主に市区町村が、高等学校、特別支援学校は主に都道府県が担当しています。

近年では法改正により、中学校と高等学校、小学校と中学校の一貫教育校も全国的に生まれるようになりました。

この部署の課題は子どもの教育について。変化する社会情勢の中で生き抜く力を子どもたちに身につけさせるためにはどうしたらいいのか。また学力向上以外にも、心の育成・体力づくりなど、さまざまな面から施策が行われています。

この分野で活躍する民間企業は、もちろん教育関連企業が主です。最近では国際社会に通じる人材育成の観点から、国際交流・ICT・キャリアデザイン・金融などの専門性を持った企業が、教育の一部にかかわることもあります。

また、教育手法のICT化に伴い、ICT関連企業が教育関係のインフラ整備にかかわっています。

生涯学習課

「学習」は学校に通学しているときだけのものかというと、そうではありませんよね。社会人になってからも本を読んで勉強したり、学校では教えてくれなかったさまざまな学びに触れたい人は少なくありません。

そうした地域住民のために公民館・図書館などの施設で社会教育に取り組んでいる部署、それが生涯学習課です。地域住民の成人式を主催したりもしています。

生涯学習課の主要な課題は、地域住民のニーズに応える学びのコンテンツづくり。住民ライフスタイルの変化に伴い、常により良いコンテンツを模索しています。

この分野はどちらかというと大きな民間企業よりも個人の専門家が活躍している領域です。自治体の生涯学習課のウェブサイトを見ると、さまざまなサークル活動や市民が主催する講座などの情報が載っています。

また、生涯学習課の職員自らが地域住民の会合に参加したり企業に出向いたりして、さまざまな視点で地域づくりのレクチャーを行うこともあります。ちなみに多くの場合、料金は無料です。

これらは「出前講座」とも呼ばれますが、もし自社が拠点を構える自治体でこうした制度があったら、ぜひ出前を頼んでみてはいかがでしょうか。コストをかけずに学習でき、自治体のことを知る、いいきっかけにもなることでしょう。

スポーツ振興課

「保健体育課」などと称されるこちらのスポーツ振興課は、一生楽しめる生涯スポーツや競技スポーツで、地域住民の生活を楽しいものにしようというミッションを持っています。学校の体育の授業の指導や、地域のさまざまなスポーツ団体のサポート、ときには国体などで活躍できる選手の育成を手がけることもあります。

近年では、プロスポーツチームや体育系大学と自治体が包括連携協定を締結し、地域住民のスポーツ振興にタッグを組む事例もあります。

また、自治体の規模にもよりますが、地域住民を対象としたスポーツ大会の開催もこちらの部署が担当することがあります。水泳や陸上競技の記録会のようなものもあれば、パン食い競争・障害物競走・玉入れなど、おなじみの種目が目白押しの運動会もあります。参加してみると、自治体の活動に対する理解が深まるのではないでしょうか。

文化財課

我が国は地域ごとに多様な文化を持っています。そんな文化を地域住民に伝え、継承していく役割を担っているのが文化財課です。96ページで紹介した「文化課」の一部門とされている場合もあります。

美術館・博物館を建てて管理したり、文化財の指定や埋蔵文化財の発掘と保存なども、もちろん守備範囲。子どもたちへの文化の振興活動も担当しています。

地域の伝統的な歴史的建造物の維持管理には文化財修復などの専門技術を持つ職人や民間企業がかかわって、地域文化を伝える仕事に邁進しています。

施設課

教育委員会のさまざまな部署の活動の拠点となる学校の校舎や体育館などの建設やメンテナンスを行うのが、この施設課の仕事です。学校教育施設の耐震化もこちらの部署が担当しています。

この施設課は、施設設備の維持管理のために建築・電気関係・ICT関連企業のほか、警備・清掃業者、施設で使うさまざまな製品を納める企業など、さまざまな民間企業と取引を行っています。

学事課

こちらの学事課は、幼稚園、小・中・高等学校、専修学校などの私立学校の設置や廃止に関する認可や助成を行っています。

通常は首長部局に設けられていることが多いこちらの部署ですが、自治体によっては教育委員会に設置されているケースもあります。

2-11 各種行政委員会など

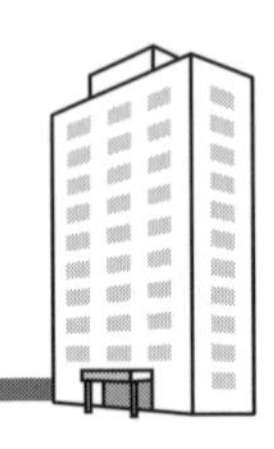

自治体で首長部局から独立した組織体制で合議制をとっているのは、何も教育委員会だけではありません。

地方自治体は、地域住民から預かった税で運営されている、いわば「みんなの共有機関」。選挙で選ばれたからといって首長が勝手な振る舞いができる体制になっていないのが組織として優れている点です。

首長への権限の集中を防ぎ、行政運営の中立性・公平性を担保するために、首長が権限を持つと不具合な領域が、「委員会」という独立した組織として設置されているのです。

さて、いまから紹介する主な委員会は、「もしこの分野で首長が好き勝手なことをしたらどんなことが起こるだろう？」と考えながらご覧ください。この領域が委員会として別途切り出されている理由がご理解いただけるかと思います。

人事委員会・公平委員会

こちらの委員会は、自治体職員の給与、採用、昇任試験に関する諸々を担当しています。ざっくりした説明ですが、都道府県と政令指定都市は「人事委員会」を設置し、それ以外の自治体は「公平委員会」を設けるとされています。

ちなみに、公平委員会の権限は人事委員会と比べると限定的で、不利益処分についての審査請求に対する採決、勤務条件に関する措置要求の審査など、専門的な業務内容になっています。

労働委員会

都道府県には必ず設けられている委員会です。労使関係の安定・正常化や、労働組合と使用者間の労働条件や組合活動に関する争いごとに割って入り、解決する役割を担います。

また、不当労働行為があった場合には、労働者の救済に当たることも仕事の範囲です。地方自治体の職員は、ともすれば地域住民のために頑張りすぎて、自分たちの職場がブラック寸前になることもあり得ます。そんな事態を防ぐ取り組みを行っているのも労働委員会です。

選挙管理委員会

この選挙管理委員会こそ、首長の権限が絶対に及んではならない領域を扱います。すべての地方自治体に選挙管理委員会を設けることが地方自治法で義務付けられています。

選挙管理委員会は首長や地方議員はもちろん、衆議院・参議院選挙など、選挙の諸々を仕切ります。選挙の段取りを組んだり、選挙訴訟があった場合には対応したり、また選挙の投票率を上げるための広報活動などにも取り組んでいます。

農業委員会

こちらの農業委員会は、農地の無秩序な開発を抑えるために、農地の売買や農地の転用についての許認可を行う委員会です。市町村に設置が義務付けられています。

委員のメンバーの半数以上が農業関係者で構成されており、遊休農地の発生防止、農地利用の最適化などに取り組んでいます。

監査委員

自治体は、地域住民に行政サービスを提供するために、預かった税や公共の施設など、さまざまな資産を保有しています。言い換えれば「住民全体の共有財産」を預っているわけです。もしこれらの資産が違法な、好ましくない扱われ方をしていたとしたら、地域住民にとってはもう大損害。

そこで、監査委員の出番です。自治体の財務に関する仕事について、法令に違反していないか、効率的に行われているかなどをしっかり監査。その結果を住民に広く知らせるのが彼らの仕事です。

前で紹介した４つは「委員会」ですが、この監査分野だけ「会」がついておらず「委員」です。それには理由があります。

監査委員は、一人ひとりが自らの判断のもとに独立して職務を行うことになっています。これを「独任制」と呼んでおり、複数のメンバーによる合議制とは根本的に異なります。監査委員に「会」という文字がつかない理由がご理解いただけたのではないでしょうか。

2-12 公営企業部門

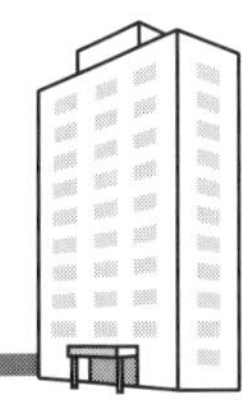

公営企業部門とは、一体どのような組織なのでしょうか。

部門名に「企業」が入るのが仕事を特徴づけています。利用者から対価をもらって運営している、いわば自治体が経営している「企業」です。首長部局で展開されている施策や取り組みのほとんどが預かった税で賄われているのに対し、公営企業部門は税だけでなく自らお金を稼いで財源としています。

公営企業として代表的な事業は、水道事業、下水道事業、交通事業、電気事業、ガス事業、病院事業などです。

どれも地域インフラとして地域住民の暮らしになくてはならない事業です。地域によっては、温泉事業、自動車教習所の経営、ケーブルテレビ事業、ぶどう果樹事業などを経営している場合もあります。

なぜ、自治体が事業を担うのか？

さて、公営企業部門のどのサービスも民間企業で提供ができるものばかり。にもかかわらず、なぜ自治体が担っているのでしょうか。

それは採算性。大規模な事業であればあるほど、社会インフラであるため地域住民から高い利用料を徴収することが難しいのです。

例えば、採算が取れないからといって、過疎地の高齢者にとって唯一の移動手段であるバス路線を廃止してしまったり、地域の病院が閉鎖し透析に通えない人が続出したりすれば、地域住民の安心な生活は脅かされてしまいます。

民間の継続的な参入が確実でない、でも地域住民の安全や安心に欠かせない——この点こそ、自治体が公営企業を展開している一番の理由なのではないでしょうか。

この公営企業部門で活躍する民間企業は、言い換えれば通常の民間企業を相手としたビジネスとほぼ同じ。事業特性によって、さまざまな製品やサービスを展開する民間企業がビジネスとして取引を行っています。

また、この部門は民間企業のように利潤の追求こそ求められませんが、利用者から対価をもらう以上、顧客満足や経営の合理化・効率化が事業運営上の課題になってきます。

この点では民間企業と同様に、組織経営のソリューションや人材育成などのニーズが比較的高く、コンサルタントや人材育成企業が数多く活躍しています。

第3章

何から始める？
自治体ビジネス

この章では、実際に自治体営業をする際の留意点とともに、自治体内部の意思決定のプロセスを踏まえた営業活動の全体像をまとめています。自社の商品やサービスをどのタイミングで売り込めばいいのかが見えてきます。

3-1 自治体営業活動とは「提案活動」

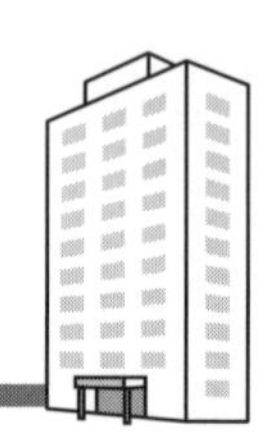

「地方自治体は何のための組織か」——前にも述べたように、地域課題の解決のための組織ですよね。

つまり、自治体の各部署では、自分たちの部署が担当する事業領域での課題解決が一番の関心事。自治体の職員は、課題解決のためにどんなことをやればいいのか、世の中にどんな技術やノウハウがあるのか、いつも知りたがっています。

ということは、自治体ビジネスでは「自社の提供する製品やサービス・ノウハウが、その部署の課題解決に役立つ」のを示すことが、営業活動の最初の一歩。「この地域の課題は、弊社で展開しているこのサービスを活用すれば解決できますよ」というストーリー展開の資料をあらかじめ作って話をしに行くのが一番効果的です。

これって、営業活動でしょうか。確かに広義でいうと営業活動ですよね。でも、いわゆる「ありものを売るセールス」とは全く違うことは明白です。ズバリ、この活動は「提案活動」そのもの。そして、課題解決のストーリーを示した資料は、「提案書」ということになります。

自治体営業担当者に最も求められるのは、まさにこの提案スキル。相手の課題は何か、その課題の背景にあるものを洞察し仮説を立てる。その課題や背景にある問題点を取り除くために自社の製品やサービスが具体的にどのように役に立つのか。そして、その先にある地域が、住民が、なぜ、どのように助かるのか。これらを資料に明文化して、理解を得る。

このようなスタイルは、顧客の特定の問題を解決しようとするソリューション営業というよりも、対話を通じて顧客の課題を引き出すインサイト営業に近いかもしれません。地域課題解決のための提案スキルを身につけることが、自治体営業担当者にとっては不可欠なのです。

3-2 自治体ビジネスのメリットと注意点を理解しよう

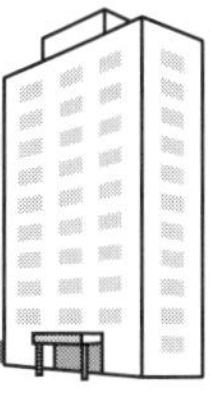

ここまでお読みいただいて、自治体ビジネスをやってみようかなと思った企業も多いのではないでしょうか。ここで、改めて自治体ビジネスのメリットと注意点を整理しておきます。

まずはメリットから見ていきましょう。

自治体ビジネスのメリット

① 公平・公正・透明な発注先選定プロセス

地方自治体が地域のための取り組む事業。民間企業の力を借りて実行するための元手は、地域の皆さんから集めた税金です。担当職員が特定の民間企業と意気投合したからといって勝手に発注先を決めるわけにはいきません。

こうした組織の性質から、業務を民間企業に発注する際には公平で公正な発注の手続きが決められています。その地域の課題解決に役立つ技術やサービスを持っている企業であれば、誰にでもチャンスが与えられます。

② ひとたび実績ができると安定的に受注できる

繰り返しになりますが、地域住民や企業から集めた、大切なお金を預かっているのが地方自治体です。もし仕事を依頼した民間企業が何らかの理由で仕事を投げ出したり、期待する仕事ができなかったとしたら、集めたお金を無駄にしてしまいます。

それゆえ、地方自治体は極めてリスクを嫌う組織です。だからこそ過去に自治体と仕事をした実績のある企業は、別の自治体で新たな仕事を受ける際にも有利になって当然なのです。小さくてもまずは一つ実績を作れば、その後の受注活動が格段に楽になります。

③「入金遅滞」「未回収」「貸し倒れ」とは無縁

地方自治体とのビジネス上の取引で絶対に起こり得ないことがこれ。契約で決められた期日に決められた金額が必ず入金されます。

自治体ビジネスの経験がない民間企業が初受注から件数を重ねていく中で、社内経営層の目の色が変わるのがまさにこの市場特性です。期日に確実なキャッシュインが約束されるのは、民間企業にとって大きなメリットといえるでしょう。

④ 社会的信用とブランド力の向上

地方自治体から仕事をもらうためには、まず企業リストに載せてもらうための手続きをとる必要があります。これを「入札参加資格申請」あるいは「事業者登録」と呼びます。この登録申請の要件として必ず求められるのは「地方自治法施行令第167条の４」に該当しないことです。

この条文の内容は一言で言うと、「不正を働いたり、非常識だったり、社会的に悪事を働く、あるいは約束を守らない企業には仕事を出しません」というもの。

つまり地方自治体からすでに仕事を受注している会社は、それだけで社会的信用があるという証なのです。さらに公共行政と取引があるということで、企業ブランド力の向上にも結びつきます。

⑤ 利益の創造と地域貢献の両立

皆さんは、何のために仕事をしていますか？　もちろん糧を得るためなのは事実ですが、それだけでしょうか？

家族を幸せにしたり、お客様に喜んでもらったり、自社の製品やサービスでたくさんの人々の生活を便利にしたり楽しくしたり——人によってさまざまですが、「自分を必要としてくれる誰かのために」仕事をするという側面は少なからずあるはずです。

地方自治体の仕事は、ビジネスになるのはもちろん、その仕事の先には必ず、地域のたくさんの人々の幸せな生活があります。何よりも自治体ビジネスの醍醐味は、そうした「やりがい」が得られることにあります。

自社よし、自治体よし、地域住民よし。これらの「三方よし」に加えてもう一つ付け加えるならば、地域住民を幸せにするやりがいからくる「自分よし」。

こうした「四方よし」にメリットを見出すことができた企業は、その自治体のイコールパートナーとして、お互いを尊重し合いながら、長期間、素晴らしい仕事ができることでしょう。

自治体ビジネスの注意点

メリットとしていいことづくめなことを述べましたが、一方で注意すべき点もあります。

① 支払いに時間がかかることも

まず1つ目は「キャッシュフロー」。

地方自治体は、4月1日から翌年の3月31日までが一つの年度です。年度の初めに自治体からの仕事を受託した企業に対価が支払われるのは、年度末、すなわち翌年の3月31日になることがあります。仕事が4月から9月の期間に実施されたとしても、支払いは翌年の3月末のケースも。その間はすべて企業側の持ち出しです。

ただし受託前に契約書の内容確認があるので、キャッシュフローに不安がある企業は自治体に遠慮なく相談してみてください。以前は「決まり通りにしか対応できません」というケースが多かったのですが、最近は国が「中小企業のキャッシュフローに留意せよ」と、たびたび地方自治体に通達を出している関係で、支払いの時期については、弾力的に相談に応じてくれるようになりました。

②「あなたから買いたい」が通じない

多くの民間企業の営業パーソンは、営業教育の中で顧客に「あなたから買いたい」と思わせることに特化したコミュニケーションスキルを身につける指導を受けてきています。しかしこれが自治体営業においては、受注を獲得するうえでの大きな障害となってしまうのです。

地方自治体は公平性・公正性・透明性に基づいて民間企業と接することが地方公務員法で義務付けられています。たとえ営業担当者に大きな信頼を寄せていても、そもそも「あなたから買います」といった自治体職員の個人的な意向は通りません。そうした調達の仕組みとなっていることは、ここまで本書をお読みただいたなら、もうご理解いただいているのではないでしょうか。

コミュニケーションスキルに依存して案件を獲得する技術は、自治体市場ではほとんど役に立たないことを肝に銘じましょう。

＊＊＊

メリットもあれば注意点もある自治体ビジネス事情。こうした特性を知ったうえで、未経験の企業はぜひ挑戦してみてください。

3-3 まずは戦略を立てよう

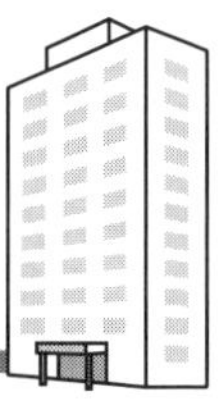

自治体の案件をまだ獲得したことがない企業にとっては、何から営業活動を始めればいいのか見当がつきにくいのではないでしょうか。何の戦略もなしにやみくもに自治体にアポイントをとって営業活動を始めてしまうというのは、アロハシャツにビーチサンダルの軽装・丸腰で、危険な猛獣のいるジャングルに分け入るに等しいものです。

まずは何からどう始めるのか、方向性なども含めて検討するのが無難です。ここでは最低限やらなければいけないことを２つ紹介します。

1 参入可能性

自治体ビジネス未経験企業にとって、まず最初に考え込んでしまうのが「果たして自社の製品・サービスを自治体に導入してもらえるのだろうか？」という点でしょう。

自治体ビジネスの市場に魅力を感じていても、自社製品やサービスを使ってもらえる確信がなかったらなかなか踏み込んでいけないものです。そんなときは、まずは自社が扱っている製品やサービスの領域で、自治体がどんな案件を民間に発注しているのかを調べましょう。いくつかある方法のうち、代表的な調べ方を３つご紹介します。

① 自治体のウェブサイトで調べる

自治体のウェブサイトには、入札やプロポーザルの発注先企業を結果の公表という形で開示している場合があります。まずはウェブサイトで自社の製品やサービスの領域でどんな企業が仕事をしているのかを確認してみましょう。

② インターネットでキーワード検索をする

インターネットでのキーワード検索もコストがかからない手軽な調べ方です。自治体といっても都道府県および市区町村がありますが、例えば「○○市」の案件を調べる場合、「○○市」スペース「プロポーザル」または「企画提案」スペース「自社製品やサービスのキーワード」などというように、キーワードを組み合わせて検索してみましょう。ヒットした案件で公開されている実施要領や仕様書を見て、自社に対応可能かどうか検討してみましょう。

③ 有償の検索サービスを利用する

自治体が民間に発注する案件をネットで検索できる有償サービスもあります。自治体名やサービス名などのキーワードを入力すると関連する案件がヒットする仕組みです。有償ですが最初は無料体験ができるサービスもあります。利用してみるのも一つの手でしょう。

2 ターゲット自治体

地方自治体は、都道府県・市区町村合わせて全国に1,700あまり存在します。それらすべてを狙っていくのは非現実的。参入しやすい自治体を絞り込みましょう。進めやすい自治体を選ぶうえでは、次の3つを参考にしてみてください。

① 自社がある地域

自治体は地元企業にはとても優しいもの。なぜならば地元企業は法人税を納税している、同じ自治体というコミュニティのメンバーだからです。自社が立地する自治体からまずアプローチするのは自治体営業活動の定石です。

② 実績がある自治体およびその自治体の「お隣さん」

一件でも、また小さい案件でも実績が作れたらしめたもの。その自治体をターゲットに別の案件も狙っていきましょう。

また、実績がある自治体の「お隣さん」も狙い目です。隣の自治体のことを自治体の業界用語では「近隣他都市」と呼び、発注先企業の情報を共有していることもあります。実績がある自治体にアプローチする際には、必ずその隣の自治体も対象に入れましょう。

③ 創業の地

たとえ現在は本社を移転させていても、その企業の創業の地の自治体には、営業活動をしていくうえで明確なストーリーが作りやすいのが強みです。

創業者が志を持って事業を立ち上げた地域に、自社の製品やサービスで貢献したい、地域を一緒により良くしたい――自治体職員の心に響くこうしたアプローチが可能です。

3-4 自治体内部の意思決定のプロセス

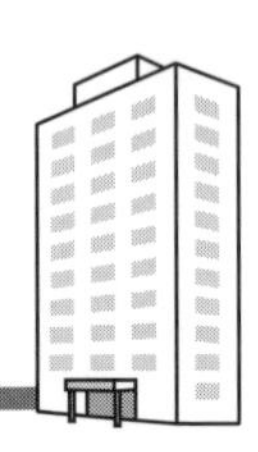

ここまで地方自治体ビジネスに取り組む前に知っておくべき概要や特徴について触れてきました。いよいよ具体的にどのようにビジネスにしていくのか、実務レベルの話に入っていきましょう。

自治体ビジネスに本格的に取り組むなら、まずは理解しておかなければならないのは「民間企業へ発注する仕事が、自治体内部でどのように意思決定されていくか」ということです。

この意思決定のプロセスは、実は自治体ビジネス常連企業の人なら誰もが知っている、いわば自治体ビジネスの常識です。

自治体は仕事を発注する１年前から動いている

意志決定のプロセスを簡単に説明すると、具体的に仕事を発注する前の年の１年間で、どんな事業を行うか、さまざまな部署が関与しながら決めていきます。なぜ前の年からなのでしょうか。背景には、仕事の元手が税金であることに大きくかかわります。

自治体が、地域の人々や企業から税金を預かって、その限られた預かり金の使い道の効果をどうしたら最大化できるかを考える組織だということは、すでに触れた通りです。では、税金がすべて納め終わり、４月１日から翌年３月31日までの年度で使える金額が確定するのはいつかというと、年度が明けた４月以降から夏頃になります。

つまり、金額が確定してから使い道を考えるというプロセスでは４月からの新しい年度の仕事の発注に間に合わないのです。

だから、前の年から「来年度の税の全額はだいたいこのくらいかな」

■自治体の予算編成のプロセス

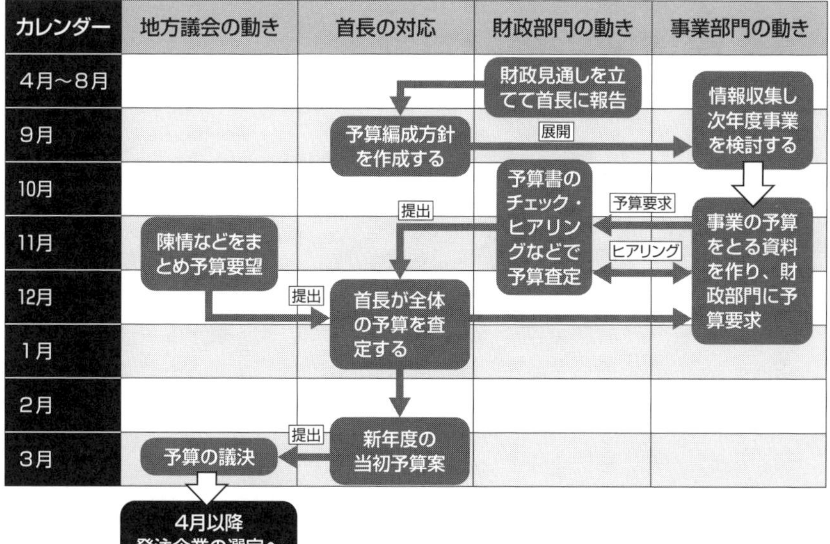

という数字を予測し算定しておきます。これが「予算」というものです。さまざまな事業に取り組んだり物を買ったりするのは、その予算の範囲内でしか実現できません。

そんなわけで、予算の範囲内でどんな事業にいくらかかるのか、何をどれだけお金をかけて買う必要があるのかは、予想した予算の額面の中で、前年度に枠を決めておくのです。

それでは、各々の事業を行ったり物を買ったりする予算枠がどのように決まっていくのか、そのプロセス全体は次節以降の3-5から3-8で見ていきましょう。ここでは話をわかりやすくするために自治体の歳入歳出予算のうち「歳出予算」だけにフォーカスします。

プロセスに関与するのは４つの部門。首長、議会、財務関係を担当する財政部門、そして皆さんの直接の営業先である、具体的な事業を実施している事業部門です。なお、この章ではあくまでも原則的なプロセスを紹介します。

3-5 予算の見通しを立て編成方針を共有する

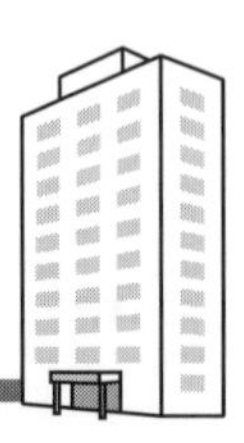

予算の見通しを立てる

私たち民間企業が受託する自治体の仕事。その仕事づくりの一番最初はどこから始まるのでしょうか。トリガーを引くのはそれぞれの自治体の財政部門です。

多くの場合「財政課」と呼ばれているこの部署の仕事は、先に触れた通り自治体のお金回りの管理です。民間企業への仕事の発注は、財政課がまず実施する「予算の見通しを立てる」ところから始まります。

一般的に自治体に預けられる税などの歳入（キャッシュインと考えるとわかりやすいかもしれません）は、前の年と比べて民間企業ほど大幅に変動することはありません。つまり、次の年度にどれだけの税が預け入れられるか、言い換えればどのくらい使えるお金が確保できるのか、大体の見通しはつくわけです。

この見通しを立てるのが財政課なのです。次の年度の財政規模は大体このくらいかな、と見通しを立てて資料として取りまとめ、首長に報告します。

ただし財政課からの報告内容は、どの自治体も例外なく「財政の見通しは厳しい」というものです。「過疎地の自治体ならともかく、人口の多い都市部でも厳しいの？」という声も聞こえてきそうですよね。

ところが、都市部であればあるほど複雑な都市機能や都会の暮らしを維持するための予算が必要になってしまい、やはり厳しい見通しになってしまうのです。報告を受けた首長の手腕が問われるところです。

■首長が予算配分にメリハリをつける

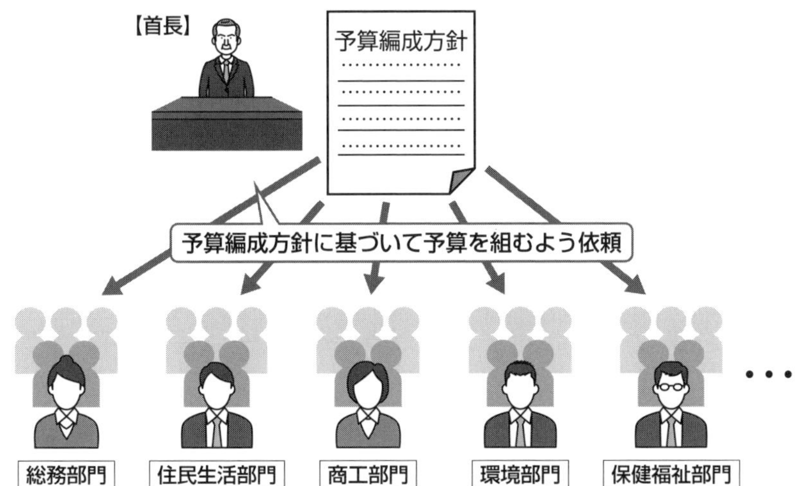

予算編成方針を共有する

さて、財政見通しは厳しいとの報告を財政課から受けた首長が何をするか。それは、予算配分の方針を打ち出すこと。まちづくり、防災、市民サービス、子育て支援、高齢者対策、産業振興、観光、教育、文化など、自治体の守備範囲は幅広いものです。厳しい予算の状況で、これらすべての領域で満遍なく地域住民の要望に応えることはできません。

だったら首長はどうするのでしょうか。それは予算配分にメリハリをつけること。地域を取り巻く社会情勢や地域内の状況から、来年度はこの分野とこの分野を優先して予算を手厚く配分しますよ、その理由はこうですよ、といった方針を打ち出し、それを庁内各部署に共有するのです。

各部署はこの方針に基づいて、次年度に何をどれだけ買うか、どのような事業をどれだけの予算を投じて実施するのか検討します。

予算編成方針は自治体のウェブサイトに公開されている場合もありますので、お目当ての自治体のサイト内を探してみるとよいでしょう。

3-6 各部署が事業の予算を計上する

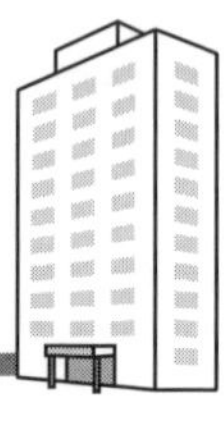

次年度にどんな事業を行うか、何を買うか検討する

首長の予算編成方針が共有されたら、各部署は次年度にどんな事業を行うか、何を買うのか検討します。次年度何をするかについての検討は、新たな年度に入って間もない5月あたりからもう始まります。

予算編成方針は自治体によってさまざまです。子育て支援や防災など、地域住民の安全・安心に重点的に配分する自治体もあれば、観光振興など賑わい創出に力を入れる自治体など、その地域課題によって異なります。予算編成方針で力を入れている分野は「重点施策」などと呼ばれることもあります。

一般的に自治体の次年度の予算は、その年度の予算と同等か数%カットがよくあるパターンですが、重点施策になっている領域を担う部署は、新しい施策を手がけるチャンス。予算が増額されることもあります。

他の自治体の先進事例を調べたり、東京などの都市部に設けられている各自治体の事務所を通じて新たな技術の情報を集めたりします。このような本格的な情報収集は8月のお盆前くらいまで続きます。

次年度にどんな事業を行うか、何を買うか決める

集めた情報や前の年度の事業の実施結果を踏まえて、次の年度にどんな事業をどのくらいのお金をかけて取り組むのか決めます。物を買うのも同様で、何のために、どんな仕様の製品をどれだけ買うのかを決めます。

■各部門が予算要求資料を財務課にまわす

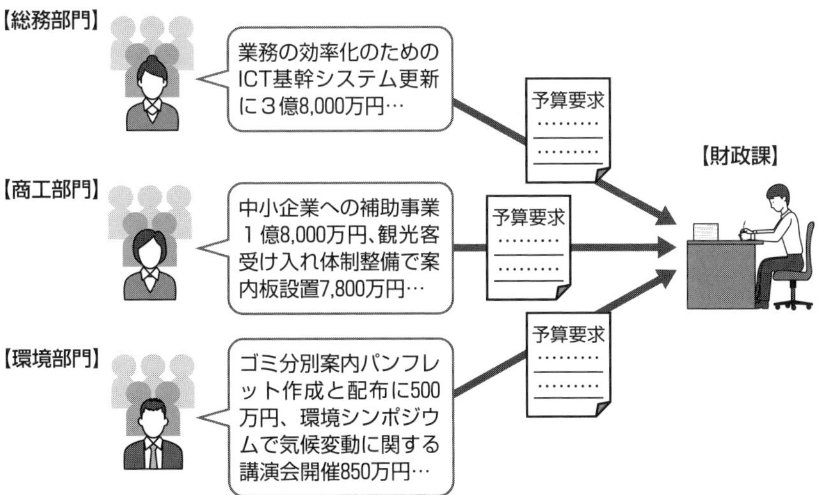

何をするのか、または何を買うのかを決めたら、財布の紐を握っている財政課に詳細を示した資料を提出しなければなりません。その資料は一般的に「予算要求資料」や「予算書」と呼ばれます。予算書の構成は自治体によってまちまちですが、どんな製品スペックのものを買うのか・どんな事業を行うのかを示した「仕様書」、いくらかかるのかを示した「積算資料（見積書）」の２点は必ず含まれます。

この資料こそが、民間企業にとっては仕事の元となります。製品を納入したり、事業を受注したりする元手となるわけです。

この予算要求資料の財政課への提出には締め切りがあります。自治体の人口によって若干異なりますが、９月から10月にかけての時期が目安です。人口が大きい自治体であればあるほど締め切りは前倒しになり、政令指定都市などは８月末頃になることもあります。いずれにせよこの締め切りを過ぎてしまうと、どんなにそれぞれの部署がその年度にやりたい事業であっても１年待ちになります。

3-7 予算を査定して見通しの範囲内に収める

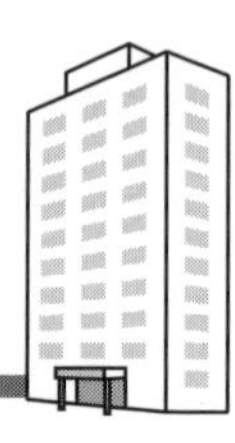

予算の合計額を算出する

再び自治体の財政課の話に戻りましょう。財政課には、各部署から予算要求資料が続々と提出されます。資料の提出を締め切った後は、その自治体全体で次の年に一体いくらかかるのか、合計額を算出します。

先にも述べたように、各部署からの資料提出の締め切りは9～10月というケースが多いですが、自治体の人口規模によって異なります。人口規模が大きい自治体はそれだけ買う物や実施する事業は多岐にわたり膨大な数に上ります。予算要求資料が多ければ多いほどかかる時間も長くなり、資料の締め切りが前倒しになってしまうのです。

ひたすら足し算して算出した合計額は、ほとんどの場合、財政課が出した予算の見通しを上回ってしまいます。

予算を査定しカットする

合計額が出たところで財政課の一番の仕事が待ち受けています。それは、各部署からの予算要求資料に書かれた事業や製品などが本当に必要かどうか査定し予算の見通しを上回った分をカットすること。

ただ、財政課も各部署の細かい現場の事情はわかりません。予算をオーバーしたからといって機械的に予算削減作業を進めてしまい、本当に地域住民にとって必要な事業が実施できなくなったら本末転倒です。

そこで各部署の担当者に対し、要求した予算が本当に必要なものなのかどうかヒアリングを行うのです。この財政課の予算査定とヒアリング

■事業部門担当職員にヒアリングするのも財務課の大切な仕事

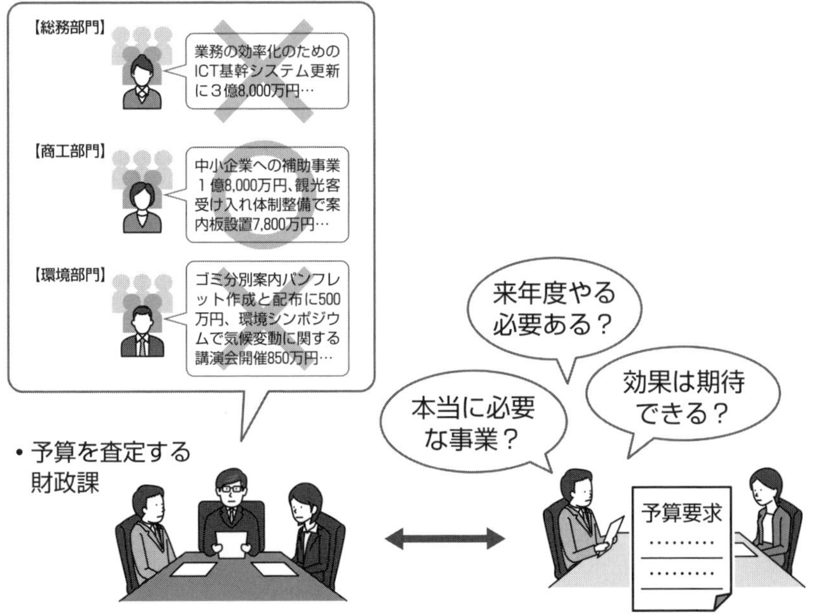

は、各部署にとっては大きな関門。どの部署も必要だからこそ予算要求しているわけなのでカットされるわけにはいきません。財政課と各部署とのヒアリングの場で、いかにその事業の妥当性を訴えることができるか、各部署の職員の手腕が問われます。

その結果、予算に計上する必要なしと財政課に判断されてしまったら、残念ながらカットの対象になってしまいます。その事業や製品に関連する民間企業にとっては、せっかくの仕事の元手がなくなってしまう残念な結果になってしまいます。

一方、晴れて査定をクリアすれば次の年度にその事業の実施や製品を買い求める予算枠を確保できることになり、当初予算案として計上される事務手続きに入ります。

3-8 予算案を議会に諮り議決する

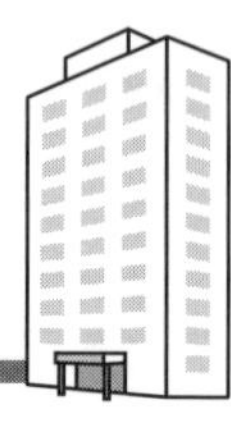

首長が予算案を決定する

財政課が査定して取りまとめた次年度の予算案。その予算案は各々の自治体の首長のところに上がってきます。首長は自らが出した予算編成方針の方向性を確認しながら、次年度の予算案に丁寧に目を通します。

なお、ここで敗者復活戦ともいうべき手続きを設けている自治体もあります。それは「復活査定」「復活要求」と呼ばれるプロセス。財政課の長の決定について再調整を要する予算が出てきた場合、首長が再度予算に載せるかどうか判断するのです。

つまり財政課での予算編成の内容がそのまま通ってしまうわけではなく、途中で判断の見直しができるようになっているのです。この手続きは民間から見ると煩雑で時間を無駄にかけているように見えてしまいがちですが、地域のための予算が丁寧に扱われている証でもあります。

予算案を議決する

こうして予算案の内容がまとまると、3月に開催される議会に諮られます。選挙によって選ばれた地域住民の代表である地方議員にとって、次年度の予算の使い道や配分に目を通すのは大切な仕事。それぞれの議員が掲げた公約の分野の予算がどうなっているかは大きな関心事です。

議員の公約実現にかかわりのない分野や、政治家としての考え方から外れた事業については、「この予算は本当に必要なのか」という議論になることもあります。こうした議員からの厳しい質問に答える役割は、

■議会を通して予算が決まる

その予算を要求した部門の職員です。議会の場で、その部門が要求した予算の事業がなぜ必要なのかについて発言し理解を求めます。こうした議会での発言を「議会答弁」といい、市民代表の議員と職員との議論を経て、予算案が議会で議決されます。

年度が変わる4月から始まる、仕事の元手としての予算が作られるプロセスはここで終わり。3月の議会で議決された予算は、4月以降から晴れて各部署で使えるようになります。ここでいう「使う」とは、民間企業からものを買ったり仕事を発注できるようになること。

ただしこれはあくまでも原則。大きな事業は、発注手続きが4月以降になると、年度内に事業を終わらせるのがスケジュール的に難しくなることもあります。

そういうときは3月の議会で予算が議決されることを前提に、1月くらいから民間企業に発注する手続きを開始する場合もあります。

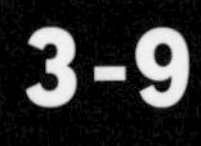

3-9 自治体には いつアプローチすればいい？

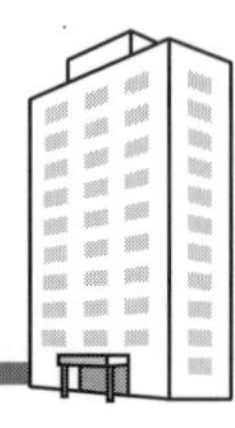

ここで一つ、民間企業として押さえておきたい現実があります。それは、これまで紹介したプロセスはあくまでも予算枠をとるためのものであるということ。年度が変わったらその予算枠の範囲内で仕事を民間企業に発注するわけですが、この時点ではどの会社に仕事を発注するか決まっているわけではないのです。年度が明けてからどの企業に発注するか、入札やプロポーザルで決めるという段取りが最後に設けられています。

日頃、自治体に出入りしていても、仕事が発注されるかどうかは別問題。結果的に入札やプロポーザルで出たとこ勝負だとすると、勝つこともあれば負けることもある、ということになりますよね。だったら自治体への営業活動はあまり意味がないということになってしまいます。

5つのアプローチのタイミング

にもかかわらず、入札やプロポーザルで高い勝率を誇る常連企業がなぜ存在するのでしょうか？

実は、そうした常連企業は、このプロセスのしかるべきタイミングで自治体に対してアプローチしています。自治体ビジネス常連企業は、これらのタイミングで具体的にどんな営業活動をすべきか「知っている」のです。これが入札やプロポーザルで勝率を高めることに大きく影響します。そのタイミングと営業活動の概要は次の通り、おおむね5つあります。

① 自治体が情報収集しているとき

新しい年度が明けてから、次年度の事業実施の検討のための情報を集

■自治体営業へのアプローチのタイミング

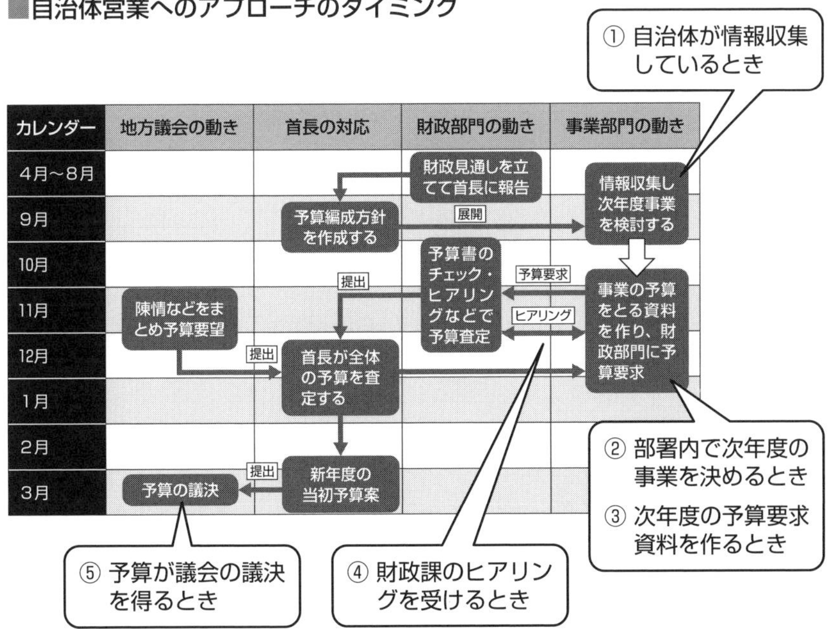

めているタイミングで自治体に対してヒアリングをかける。

② 部署内で次年度の事業を決めるとき

次年度に予算を確保し実施する事業に、自社の製品やサービスを用いた提案活動を行う。

③ 次年度の予算要求資料を作るとき

財政課に提出する予算の要求資料作りを民間企業としてサポートする。

④ 財政課のヒアリングを受けるとき

ヒアリングで事業の必要性を説明するためのデータや資料を作る。

⑤ 予算が議会の議決を得るとき

対象部署の職員の議会答弁をサポートする。

3-10 常連企業は知っている！自治体ビジネス獲得の決まりごと

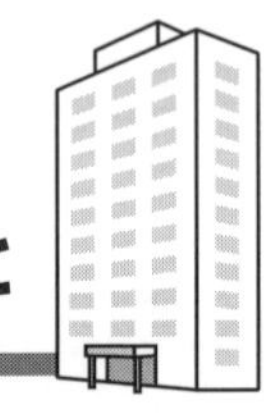

地方自治体は民間企業と組織の存在目的が違います。目的が違うがゆえに、受注までの営業セオリーも民間企業の手法とははるかに違います。これを理解せずにやみくもに入札やプロポーザルに臨んでしまっていることが、自治体営業で苦戦する大きな理由であることは繰り返しお伝えしている通りです。

自治体営業においては、まずは入札やプロポーザル案件を獲得し実績を作ることが必要ですが、戦わずして勝率を高める営業活動も並行して行うと、楽に勝てる案件の割合が増えてきます。

楽に勝つための営業活動とは上流工程、すなわち前年度から仕掛けること。案件の内容や事業予算をいつ、誰が、どのように決めていくのか——自治体の案件が作られる仕組みは地方自治法に基づいた時系列で進められます。その時間的な期限や自治体内部の動きを念頭に置いてアプローチしていくのが、自治体営業の基礎中の基礎です。

自治体の入札やプロポーザルの常連企業はなぜ強いのか。それは、こうしたプロセスに沿った営業活動を展開しているがゆえなのです。

自治体営業７つのフェーズとは

自治体営業の活動は「はじめまして」から案件獲得、そして信頼関係を構築し自治体から引き合いが来るポジション獲得を目指すまでは、おおよそ足掛け２年に及ぶプロセスがあります。

その期間中の段階は、大きくは７つに体系化されます。この体系化された案件獲得の勝率を高めるプロセスを「自治体営業７つのフェーズ」と呼ぶこととしましょう。

■「自治体営業７つのフェーズ」

第１フェーズ：自治体ニーズ・地域課題の把握
第２フェーズ：次年度事業の提案
第３フェーズ：予算書づくり
第４フェーズ：予算査定対応
第５フェーズ：年度末対応
第６フェーズ：入札・プロポーザルへの対応
第７フェーズ：受注後のプロジェクトマネジメント

これらのフェーズは、次の７つのプロセスで構成されています。①自治体ニーズ・地域課題の把握、②次年度事業の提案、③予算書づくり、④予算査定対応、⑤年度末対応、⑥入札・プロポーザルへの対応、⑦受注後のプロジェクトマネジメント。

「７つのフェーズ」は全国どの自治体であっても基本的に同じ。またどのような領域でも適用が可能です。

なお、この体系化された各々のフェーズには次の３つの特徴があります。

❶ゴールとしてクリアしなければならない要件が明確になっている

❷各フェーズに実施期限がある

❸活動の「仕組み」で勝率を高めている

各フェーズで何をしなければならないのか、次節（3-11）で紹介しますので、ぜひ全体像を押さえてください。さまざまな自治体営業活動の必須ポイントが必ず見出せるはずです。もちろん、受注の確率も段階的に上がっていくことでしょう。

3-11 自治体案件は仕組みで勝ちとる ～7つのフェーズの概要～

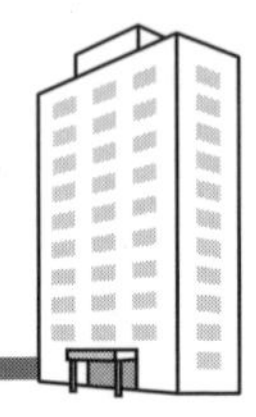

「自治体営業7つのフェーズ」に基づく営業活動とは、具体的にはどのようなものでしょうか。各フェーズの概略を以下に示します。

1 自治体ニーズ・地域課題の把握

自治体は何のために民間企業に業務を発注するのでしょうか？　それは、「地域課題の解決」にほかなりません。

そもそも自治体という組織の仕事は、「地域住民のニーズに応えたり、地域課題を解決するための原資を、税金として地域住民や企業から預かり、使い道を考え計画し、実行する」ことです。

ところが昨今の地域課題やニーズは、社会情勢の変化に伴い、多様化し複雑化しているため、自治体内部にはその技術やノウハウがありません。だから民間企業に「自治体に代わって」課題を解決するための業務をしてもらうために予算を確保し、仕事を発注するのです。

したがって自社の製品やサービスを採用してもらうためには、「その製品やサービスが地域課題解決にどのように役立つのか」というアプローチで営業活動をすることが不可欠になります。

こうしたことから、まず「自治体のニーズ・地域課題の把握」が営業の第一歩となります。ターゲットとなる自治体にアプローチし、こうしたニーズと課題をしっかりと情報収集しましょう。

2 次年度事業の提案

自社の製品やサービスを使って、どのように地域課題を解決するのかについての提案書を作成しましょう。その提案書を使ったプレゼンテーションの場をセッティングできれば理想的です。

さらに、そのプレゼンテーションの場に、その自治体部署の課長に同席してもらうことができればベスト。課長は予算化の決裁権を持っているので、提案が認められればその後の対応を円滑に進められます。

さて、自治体はどのような視点で提案の優劣を判断するのでしょうか？ それは「提案された製品やサービスが、地域課題の解決にどのように役立つのか？」という視点です。

あくまでも「自治体の課題を解決するために、弊社の製品やサービスをこう使えば、地域にこういうメリットがあります」というストーリーで提案書を作成しましょう。くれぐれもコーポレートブランド自慢・製品自慢・実績自慢にならないようにしましょう。

3 予算書づくり

事業提案について部署の課長級職員からGOサインをもらえたら、重要なのは「予算書の作成を手伝わせてもらう」こと。

ここまでの営業活動で「この企業は地域課題を解決するための技術やノウハウを持っている」と自治体から信頼を獲得できていれば、次年度に予算をとる仕事の内容を決めた予算書の中に、「自社にしかできない要件」などを記載して盛り込むことができます。

この他社を参入しにくくし、自社を有利にする要件を「参入障壁」と呼びます。障壁の種類は、全部で５種類（「参加資格障壁」、「業務内容障壁」、「評価基準障壁」、「準備期間障壁」、「予算規模障壁」）あり、それらを単独で、あるいは組み合わせて予算要求の文書の中に記載しておきます。

これができれば、次年度に入札やプロポーザルで企業を選ぶ段階で、ライバル企業が戦いにくい状況を作り出すことができ、案件を獲得する確率を飛躍的に高めることができます。なお、障壁の種類と設け方は

■7つのフェーズの概要

フェーズ	第1フェーズ	第2フェーズ	第3フェーズ
プロセス	地域課題・ニーズ把握	事業の提案	予算書づくり
活動概要	課題・ニーズを把握するためのヒアリング	課題を解決しニーズを満たすための事業や製品を提案	予算書作りを支援
ねらい	課題・ニーズの把握、仕様書作りに影響力ある人の把握	次年度の予算化事業について内諾を得る	自社の提案に基づいた仕様書で次年度予算枠を獲得する
時期	4月～6月	7月～9月	9月～10月
自治体の動き	次年度の事業予算編成に必要な事業の情報収集を行う	次年度予算編成に載せる事業を検討し決定する	各課が財政課に予算要求を行う
準備事項	行政資料を読み込み自治体ニーズの仮説を立てる	ニーズの把握を受けて提案書を作成する	見積書・仕様書等資料のベースを作成する

209～211ページを参照してください。

4 予算査定対応

136ページでも述べたように、まず財政部門は、各部署から上がってきた予算書を集計します。多くの場合、その自治体の税収などの全体の台所事情に照らしてみると、予算を集計した金額はオーバーしてしまいます。そこで財政課がやることは、予算書の査定とカット。上がってきた予算書一つひとつについて、地域住民や企業から預かった大切な税金を投じる価値があるかどうかチェックし、カットしていきます。

このフェーズで自治体営業担当者ができるのは、自社の製品やサービスが盛り込まれた予算が、財政課にカットされないように外部から支援すること。「いかにその自治体の課題解決に必要な事業なのか」を客観

第4フェーズ	第5フェーズ	第6フェーズ	第7フェーズ
予算査定対応	年度末対応	入札・プロポーザルへの対応	受注後のプロジェクトマネジメント
財政課ヒアリング対応の資料を作成する	議員からの質問対応資料作成 人事異動対応	入札、プロポーザルに参加する	契約前の対応、プロジェクトマネジメント
財政課の査定を通す	議会による予算の議決を目指す	入札・プロポーザルに勝つ	信頼を獲得し随意契約・周辺ビジネスの獲得
10月～11月	3月議会	1月～次年度4月～	業務終了時
財政課からのヒアリングに臨む	議会答弁対応、人事異動に伴う引き継ぎ準備	事業者を特定する	事業の安定的な執行を管理、次年度事業準備
事業の妥当性を示すのに必要な資料作成	議会情報、人事異動情報の収集	案件の公告情報の収集、資料作成等	契約関連資料の対応準備、その他案件進行管理

的に示すデータを、担当部署を通じて提示するフェーズになります。

5 年度末対応

地方自治体の予算は、議会の議決を経ないと使えるようになりません。次年度予算の議決は、通常3月に開催される議会で行われます。この議会で事業の内容説明や必要性について議員から質問された場合は、予算要求した課が説明しなければなりません。実際に議会への質疑応答に対応するのは各部署の部課長レベルの方々ですが、こうした議会対応のバックアップを必要に応じて行います。

また、職員の人事異動もちょうどこの時期に行われます。引き継ぎの時間が十分に確保されないため、いままで積み重ねたことがリセットされる場合もあります。このフェーズでは、予算化最後の関門である議会の議決と、異動に備えた引き継ぎについてしっかりと対応します。

6 入札・プロポーザルへの対応

予算が無事に議決を得たら、集大成の第6フェーズに入ります。予算化された事業が入札やプロポーザルなどの発注先企業選びに入ったら、エントリーし受注を目指します。

前年度の第1フェーズから取り組んできた営業活動の最後に待っているのが「案件を勝ちとる」こと。

自治体は、たとえ前年度から営業を先行している企業であっても、発注先は複数の企業の中から公平・公正なプロセスでフェアに発注企業を選ばなければなりません。

自治体から発注される業務は地域から預かった大切な税金が元手。誰もが妥当と認める理由がなければ、特定の企業を決めて発注するということは原則として許されないのです。

では、せっかく前年度から予算化に取り組んできた苦労は、どうすれば報われるのでしょうか。入札・プロポーザルで勝率を高める戦い方をすることはもちろん欠かせませんが、ここで効いてくるのが、前年度に取り組んだ第3フェーズの「予算書づくり」です。

第3フェーズで仕込んだ案件は、自社が提案した業務内容で組み立てられており、他社が戦いにくくなる仕掛けも仕込み済み。

フェアな企業選定のプロセスでありながら自社に有利なものとなっており、この段階から入札やプロポーザルに参入してくる競合他社と比べて、圧倒的に受注確率が高くなります。

7 受注後のプロジェクトマネジメント

さて、案件を獲得できたら、実務に入るための手続きが待っています。ここで重要なのが、受注後の発注先自治体との最初の打ち合わせ。そこで契約書の内容確認、仕様書の内容のすり合わせや双方の役割分担などを含めた、全体のプロジェクトの進め方の詳細を詰めておきましょう。

これをせずにいきなり実務に突入してしまうと、途中でさまざまな仕事が割り込んできて、「利益が思ったように確保できない」「工程管理がうまくいかない」などのトラブルが生じかねません。

気を引き締めて最初の打ち合わせに臨み、プロジェクトマネジメントの全体像を自治体に示して、合意形成を図りましょう。

3-12 7つのフェーズを効果的に進めるポイント

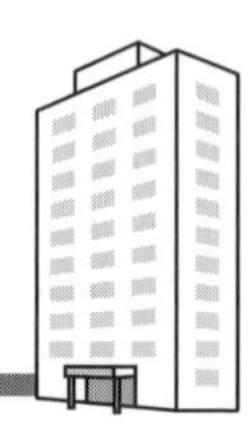

実務ベースでは、どのように自治体営業7つのフェーズに取り組めばいいのでしょうか。

7つのフェーズに基づく効果的な営業活動とは？

7つのフェーズに沿った営業活動を効果的に進めるためには、次の3つの要素が不可欠です。

① 活動に使うツールを作る

各フェーズの営業活動で欠かせないのが、自治体担当職員とのコミュニケーションツールです。フェーズごとに実施すべき活動が明確であるため、活動のタイミングごとに適切なテンプレートをツールとして作っておき、営業担当者間で共有すれば戦略的な営業活動を展開できます。

② 活動の仕組みを明確にする

7つのフェーズを効果的に進めるためには、営業活動の仕組みづくりが不可欠です。仕組みといっても大掛かりな組織改変は必要ありません。

7つのフェーズで必要最小限の活動について、誰が、いつまでに、どんなツールを使って、どのように活動するかなど、チーム内で5W1Hの簡易なルールを決めましょう。

既存の営業活動のルールが確立している場合は、7つのフェーズの各段階で実施する事項と突き合わせて検証し、未実施の取り組みだけを既存のルールに追加しましょう。

■各フェーズの活動で押さえるべきポイント

フェーズNo.	押さえるべきポイントの例
第1フェーズ	地方自治法に基づく自治の概要の理解・地方自治体の区分と権限・地方自治体組織体制の理解・地方公務員法に基づく地方公務員への理解・コンプライアンス基礎知識・行政計画の体系と読み解き方・予算編成の仕組み・予算書の読み方と活用方法・自治体へのアポイントのルールとマナー・自治体ヒアリングのプロセスと留意点・ヒアリングシートの作成方法・自治体職員の役職に関する基礎知識　ほか
第2フェーズ	ヒアリングシートを用いたヒアリングメソッド・自社でなければならない理由の作り方・事業提案・製品提案の12のポイント・事業提案プレゼンテーションのポイント　ほか
第3フェーズ	人件費単価表の作成方法・積算根拠のまとめ方・自治体職員の首を縦に振らせる見積書の設計・仕様書の作り方・５つの参入障壁の理解・参入障壁の構築方法　ほか
第4フェーズ	財政課査定のポイントの理解・財政ヒアリング対策方法・エビデンスのまとめ方と資料作成　ほか
第5フェーズ	人事異動の基礎知識・議会答弁想定問答の対応・引継書の作り方・営業活動の年度末カタログの作り方・議会対応の基礎・補正予算の基礎知識　案件公告上の留意点　ほか
第6フェーズ	調達の概要に関する基礎知識・総合評価落札方式の概要・一般競争入札の概要・プロポーザルの概要・入札価格の見極め方・総合評価落札方式の戦い方・プロポーザルの戦い方10のステップと詳細ノウハウ　ほか
第7フェーズ	契約の前に実施する５つのアクティビティ・プロジェクトマネジメントの３つのポイント・信頼関係を構築するための研究会開催メソッドと詳細ノウハウ・随意契約への誘導　ほか

③ 活動の進め方を教育する

前述の①での活用するツールの使い方、②での活動の仕組みについて、自治体営業担当者に周知徹底させるためのルールを設けましょう。また、自治体営業部門に新規で採用したメンバーや異動してきたメンバーに対して、周知徹底させる教育の仕組みがあるとよいでしょう。

７つのフェーズは再現性が高い決まりごとです。自治体営業の現場で新たな情報をフィードバックしつつ、年間活動プロセスの基本を７つのフェーズに沿って定期的に学ぶ仕組みを作っておきましょう。

多くの企業にとって自治体営業上のボトルネックとなっているのは、実は上司や先輩の経験則によるOJT。人材育成のルールをまとめておけば、習得スキルのバラツキという、従来型の属人的なOJTによる課題を解決でき、安定的な案件獲得活動が推進できます。

各々のフェーズにおいては、前ページの表で挙げたように、これらの3つの要素を含めた押さえるべき活動のポイントが明確化されています。

これらをすべて確実に押さえて自治体営業活動を進めることで、競合他社に対して優位なポジションを築き、案件獲得の勝率を飛躍的に高めることができます。

7つのフェーズで勝率が高まる理由

自治体営業7つのフェーズの一番の特徴は、各営業担当者の属人性に依存しない「仕組みで進める」ところです。また7つのフェーズの提供価値、すなわち「勝率が高まる理由」として、次の5つを挙げておきましょう。

① 属人性に頼らない再現性

属人的でない、誰が担当しても一定の成果を出せる、再現性の高い営業活動が展開できるようになります。

② 組織の勝ち体質の構築

営業活動の仕組み化が進みPDCAサイクルを回すことで、ノウハウを組織全体で共有しやすくなります。これによって、中長期的に自治体案件の勝率が高くなる組織体質が実現します。

③ 対策の明確化・共有化

営業活動のフェーズごとの押えるべきポイントが「見える化」されて

いるため、「何をすべきか」が関係者間で共有できます。活動の振り返りで「できていること」と「できていなかったこと」が明確になり、対策立案が容易になります。これにより、どのタイミングでどの部署にどれだけのリソースを割けばいいのか、経営判断が容易になります。

④ 人材育成の効率化

自治体営業活動の上流から下流までのすべてが網羅され体系化されているため、営業担当者の属人的な経験則や単なる成功事例の共有にとどまりがちな自治体営業の人材育成を、効率的・効果的に実施することができます。

⑤ 営業活動の合理化・標準化

営業活動や入札・プロポーザル対応の時間的な無駄がなくなり、限られた時間の中で、効率的に結果を出せるようになります。

どのフェーズから入ればいいのか？

さて、７つのフェーズ、いかがでしたでしょうか？

ここで、皆さんは「では７つのフェーズは、最初のフェーズから取り組まなければならないのか？」という疑問を持たれたのではないでしょうか。

特に、これから本格的に取り組もうとしている企業、あるいは数年取り組んでいるものの何回かしか受注できていない企業にとって、年度をまたいで営業するこのプロセスに対して気が遠くなるような思いをされるのは無理からぬことでしょう。

大丈夫、ご安心ください。自社の自治体市場の経験値によって以下の２つの入り方があります。自社に合った入り方で進めていきましょう。

ただし人的リソースに余裕がある場合は、２つの入り方を並行して実施するのが理想的です。

まずは第6フェーズから入ってみる

まず、第6フェーズで入札やプロポーザルを勝ちとり、いくつか実績を作ってから、第1フェーズに取り組む。こうした流れで営業活動を進めるのが最も効果的です。その理由は3つあります。

① 実績があれば第1フェーズの活動に取り組みやすい

自治体はリスクを嫌う組織。実績があるのとないのとでは、第1フェーズでの活動のしやすさが全く違ってきます。

② 少ない準備で始められる

第1フェーズは事前の情報収集やツール作りなどを含め、ある程度の準備が必要ですが、公告された入札やプロポーザルにスポットで挑む場合は、準備はそれほど必要ありません。すぐに始めることができます。

③ 年度内に売上が立てられる

入札やプロポーザルで案件を受注することができれば、3月末日で終わる年度内に売上を立てることができます。第1フェーズから取り組むことに比べて、早い段階でのキャッシュインが実現します。

実績などがあれば第1フェーズからチャレンジしてみる

ある程度実績があったり、新規性の高い事業やサービスの提案ができる場合は、第1フェーズからチャレンジしてみてください。案件は獲得するよりも「創る」ほうが、勝ちとるうえでは確実です。

自社にしかできない有利な案件をひとたび創ることができれば、それが実績となり、ほかの自治体でも有利な案件を創ることが容易になります。

■自治体市場はどのフェーズから取り組めばいい？

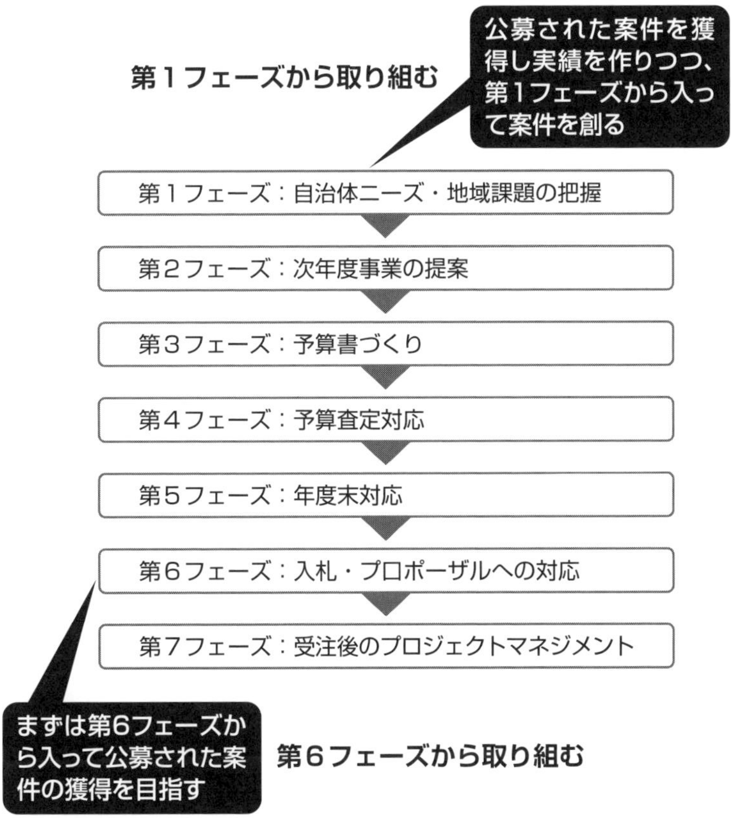

第１フェーズから取り組む

公募された案件を獲得し実績を作りつつ、第1フェーズから入って案件を創る

第１フェーズ：自治体ニーズ・地域課題の把握

第２フェーズ：次年度事業の提案

第３フェーズ：予算書づくり

第４フェーズ：予算査定対応

第５フェーズ：年度末対応

第６フェーズ：入札・プロポーザルへの対応

第７フェーズ：受注後のプロジェクトマネジメント

まずは第6フェーズから入って公募された案件の獲得を目指す

第６フェーズから取り組む

第4章

エントリーと入札の仕方を知ろう

この章では、自治体ビジネスの「エントリー」に当たる入札参加資格申請と、実際に仕事を受注するための入札の仕方について解説します。特に入札については、実際に行う際の段取りや留意点について、体系的にまとめました。

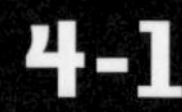

4-1 まずは入札参加資格申請をしよう

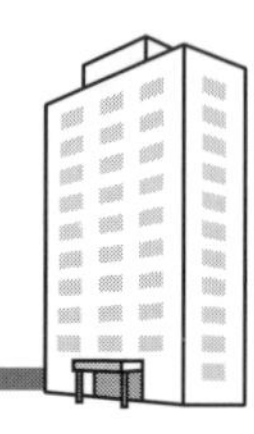

地方自治体の案件獲得というスタートラインに立つためには、まず何をすればいいのでしょうか。一番初めにやるべきことは、その自治体の入札に参加する企業として登録すること。この登録の手続きは「入札参加資格申請」「事業者登録」などと呼ばれています。

これらの手続きは、地方自治法施行令第167条の５で、地方公共団体の長は「一般競争入札に参加する者に必要な資格」を定めることができる、という規定されていることに基づいています。必要な資格を満たした者だけが入札に参加できるというわけです。

また、同施行令第167条の11の規定では、指名競争入札を行う場合は、あらかじめ指名競争入札に参加する者に必要な資格を定め、その資格を有する者のうちから指名しなければならない、とされています。

入札への参加は、この「必要な資格を満たした者」の中から指名しなければならないというわけです。

地方自治体の入札参加資格申請手続きは各自治体で個別に行い、自治体によって申請期限、申請方法が異なります。書類のやりとりが必要な場合もありますが、首都圏の自治体のほとんどは電子申請ができます。規模・営業年数を問わず、どんな企業でもエントリーでき、官公庁業務の実績がなくても登録できます。登録料金は無料です。

詳細はお目当ての自治体の公式ウェブサイトなどに出ていますので、必要な書類・情報を揃えて申請しましょう。申請期限が過ぎると１年待ちの自治体もあるので、しっかりと確認して手続きを進めてください。

■入札参加資格申請書の記入例（埼玉県比企郡嵐山町の例）その１

【嵐山町様式 第1号】

嵐山町記入欄	物　品	

令和 元 年12月 1 日

平成31・32年度　嵐山町競争入札参加資格審査申請書
（追 加 申 請）

嵐山町長　岩澤　勝　様

平成31・32年度嵐山町競争入札参加資格審査の追加申請をします。

なお、この申請書及び添付書類の内容については、事実と相違ないことを誓約します。

※今回の申請で該当する欄に○を記入してください。

新規申請	業務追加	事業所追加
○		

◎今回新たに、嵐山町に対して入札参加資格の登録申請をする場合　⇒　「新規申請」
◎既に嵐山町に入札参加の登録があり、今回の申請で業務の一部を追加する場合　⇒　「業務追加」
◎既に嵐山町の入札参加資格はあるが、新たに事業所と業務を追加する場合　⇒　「事業所追加」

事業所の所在地又は住所

〒355-0211
埼玉県比企郡嵐山町大字越畑9999-9

商号又は名称（ふりがな）

株式会社嵐山町役場商事（らんざんまちやくばしょうじ）

事業所名

越畑営業所

事業所代表者役職名

営業所長

事業所代表者氏名

嵐山　次郎

■入札参加資格申請書の記入例（埼玉県比企郡嵐山町の例）その2

嵐山町記入欄	
01.町 内　02.準町内　03.県 内	
04.準県内　05.県 外	

嵐山町競争入札参加資格審査申請書(基本共通情報)

嵐山町記入欄	物品	

登録情報

商号等(本店情報)	法人又は個人の区分	①法人　2 個人　3 組合			
	業者区分	①一般業者			
	商号又は名称(カナ)	ランザンマチヤクバショウジ			
	商号又は名称	株式会社嵐山町役場商事			
	代表者役職名(謄本どおり)	代表取締役			
	フリガナ	ランザン　タロウ			
	代表者氏名	嵐山　太郎			
	郵便番号	355-0211	都道府県名	埼玉県	市町村名　比企郡嵐山町
	字・番地 等	大字杉山1030－1			
	ビル名				
	電話番号	0493-62-2150	ファクシミリ番号	0493-62-5935	
申請事業所情報	事業所名	越畑営業所			
	郵便番号	355-0206	都道府県名	埼玉県	市町村名　比企郡嵐山町
	字・番地 等	大字越畑9999－9			
	ビル名				
	申請事業所の代表者役職名	営業所長	フリガナ	ランザン　ジロウ	
			代表者氏名	嵐山　次郎	
	電話番号	0493-62-2151	ファクシミリ番号	0493-62-5935	
	電子メールアドレス	ranzanmachiyakuba@com			
個人の場合のみ	後見登記の有無	⓪無し　1 有り			
申請事務担当者	所属事業所・部課係名	越畑営業所　営業部			行政書士押印欄
	担当者氏名	嵐山　花子			
	電話番号	0493-62-2151	ファクシミリ番号	0493-62-5935	
	電子メールアドレス	ranzanmachiyakuba-oppata@com			
	行政書士氏名				
	電話番号				
障害者雇用状況	障害者雇用人数	3人	法定雇用義務の有無	0 無し　①有り	
	法定雇用率達成状況	0 未達成　①達成			
ISO9001	取得の有無	⓪無し　1 有り(新規取得)　2 有り(継続取得)	登録番号		
	認証機関名				
	登録・更新年月日	年　月　日			
ISO14001	取得の有無	0 無し　1 有り(新規取得)　②有り(継続取得)	登録番号	×●△■-SS	
	認証機関名	JAB			
	登録・更新年月日	2005年03月25日			
実績・職員数情報	資本金	123456千円	自己資本額	100000千円	
	営業年数	39年	総従業員数	120人	

4-2 自治体はこうして発注先企業を選ぶ

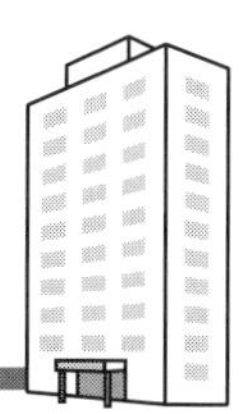

地方自治体は発注先企業をどのように選ぶのでしょうか？　もちろん、自治体も公平性・透明性・公正性が求められるため、担当者の意向で勝手に企業を選べません。いずれも法律に則った発注の手続きがあります。

募集の仕方は、大きく分けて３つ。広く社会に向けて公募する「一般競争」、特定の企業数社に通知する「指名競争」、募集を行わず特定の基準で内々に企業を決定する「随意契約」があります。

一般競争入札

一般競争入札とは、地方自治体が原則とすべき契約の方法で、不特定多数の企業を相手に、最も有利な条件を提示した企業との間で契約を締結する方式をいいます。

誰でも入札に参加できるということから、公正で有利な契約を結び得るという利点の反面、真に信用のある企業が契約相手になるか、相手が契約を確実に守れるかどうか、などという問題点もあるといわれています。

一般競争入札の手法、手続きは細かくルールが定められ規制されています。これは契約の公正を期すためです。

指名競争入札

指名競争入札は、あらかじめ複数の企業を指名によって決め、これらの企業により競争入札を行い、最も有利な条件を提示する企業と契約を締結する方法をいいます。一般競争入札によるという原則の例外として、実施できる場合が限定されています。

指名競争入札は、いかに適正に指名をするかがポイントとなります。その指名の客観性を確保するために、各自治体で企業の選び方や選ぶプロセスなどで工夫が施されています。

指名競争入札の手法と手順は一般競争入札の方法に準じて行われますが、入札前のプロセスが異なります。「物品」「役務」「工事」などの入札案件の種類によって、それぞれの「指名基準」に基づき、自治体から企業に指名がなされます。なお、指名基準とは、企業の技術力の高さ、実績の多さなどの基準のことです。

随意契約

随意契約とは、競争の方法によらないで自治体が任意に特定の企業を選んで契約を結ぶ方式です。

この方法も指名競争入札と同じく、原則である一般競争入札の例外であり、実施できる場合が限定されています。随意契約は、相手方をいかに適正に選定するか、その選定方法の客観性がポイントです。随意契約の手法と手続きは、地方自治体の規則で定められているのが通例です。

＊＊＊

随意契約の場合を除き、入札においては、企業を集めたら、次に待っているのは発注先の１社を「選ぶ」手続きです。次節以降では、中央省庁などの官庁と地方自治体で共通する、さまざまな「企業の選び方」を紹介しましょう。

4-3 最低価格落札方式の概要

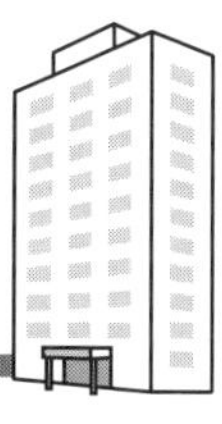

「最低価格落札方式」とは、自治体が入札情報を公告して参加申し込みを募り、希望者同士で競争して契約を決定する方式で、一般競争入札および指名競争入札で採用されています。

地方自治体が定めた予定価格以下で、最も低い金額を提示した企業が落札する方式です。

入札のさまざまなケース

では、具体的に「最低価格落札方式」がどのようなものか、見ていきましょう。

●応札価格ケース1——予定価格：100万円

A社　110万円
B社　　90万円
C社　　80万円

この場合、予定価格以下で、入札に参加した（応札した）会社のうち、最低価格を提示したC社が落札会社です。なお、予定価格とは自治体が企業と契約を締結する際に、自治体の契約課で、競争入札や随意契約について、その契約金額を決定する基準として、あらかじめ作成しておく価格です。

競争入札や随意契約では、この予定価格以下でないと契約できません。契約課が事前に予定価格を公表することは固く禁じられています。情報漏洩を防ぐため、予定価格を記した書類は、開札時までは原則金庫に保管しておくほどです。

●応札価格ケース２——予定価格：100万円

Ａ社　120万円

Ｂ社　110万円

Ｃ社　105万円

この場合、入札に参加した会社の中でＣ社が最低価格ですが、予定価格より高額なので再度入札を行います。落札者が決まるまで再度入札をします。

なお、再度入札のことを「再入（さいにゅう）」といい、落札者が決まらないことを「不落（ふらく）」といいます。

●応札価格ケース３——再度入札（予定価格：100万円は変更なし）

Ａ社　応札前辞退

Ｂ社　110万円

Ｃ社　103万円

入札前にＡ社は応札を辞退し、Ｃ社が最低価格ですが、予定価格より高額なので再度入札をします。最低価格を下回るまでこれを繰り返します。なお、落札後の辞退は指名停止処分等処分を受けますが、応札前の辞退は辞退届を提出すれば処分は問われません。

ちなみに、２社以上が、予定価格を下まわって同額で応札した場合、くじで決定します。

もし入札を繰り返しても決定しなければ、予定価格を上回って予定価格に一番近いＣ社に随意契約の交渉権が付与されます。

随意契約交渉は「随契交渉」ともいいます。随契交渉によって、Ｃ社が予定価格を下回ればＣ社で決定です。この場合でも、予定価格の変更はできません。

低入札価格調査時の対応

落札者の入札価格が予定価格の一定の基準（低入札価格調査基準）より低い場合には、価格調査が入ります。低入札価格調査基準は、工事の請負契約の場合は、予定価格の10分の7から10分の9になります。そのほかの請負契約の場合は、予定価格の10分の6になります。

例を挙げてみましょう。

一般競争入札で予定価格が100万円の請負の入札がありC社が10万円、B社が90万円で応札しました。この場合、予定価格の範囲内の最低価格はC社ですが、低入札価格調査基準が10分の6の60万円なので、C社の10万円は低価格入札に該当します。

なお、低入札価格調査基準が適用されるのは、工事の請負契約、そのほかの請負契約になります。物品購入には適用されません。

この場合、落札者は、入札額の根拠となる資料等を提出しなければなりません。

●応札価格ケース4——予定価格：100万円

A社　110万円
B社　　90万円
C社　　10万円

このケースでは、予定価格が100万円で最低価格のC社が落札者になるべきですが、低入札価格調査基準価格を下回っているので、低入札価格調査制度に従って調査します。

上記入札のケースでは、次のような流れになります。

- C社の落札の決定をいったん保留します。
- 低入札価格調査制度に従って、C社の入札額の積算根拠等の事情を聴取し、資料の提出（低入札価格の理由書）を求めます。

- 「低入札価格に該当しない」と認められる場合は、最低価格入札者のC社を落札者とします。
- 「低入札価格に該当する」と認められる場合は、次に低い価格で入札した者を落札者とします。このケースではB社です。ただし、次に低い価格で入札した者も低入札価格基準を下回っている場合は、同様に低入札価格調査を実施します。

低入札価格調査時の対応には、「理由書」を提出しなければいけません。

低入札価格の理由書を書く場合は、「低価格でも実績があり、品質、納期に問題なく、納品できる」という旨を書き、自治体側に安心感を与えるようにしましょう。例えば、類似した業務やシステムで十分な実績があるためコストダウンできることなどを訴えます。

間違っても「今回の入札は赤字覚悟のビジネス」などと書いてはいけません。他社に対する競争妨害と受け取られ、失格や処分対象になる可能性があります。

4-4 総合評価落札方式の概要

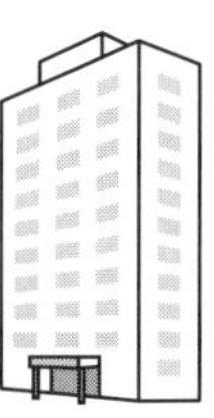

総合評価落札方式とは

総合評価落札方式とは、入札において価格と価格以外の要素（技術点）を評価して総合評価点を出し、最も高い得点を得た企業が落札する方式で、一般競争入札および指名競争入札で採用されます。

ただし、入札価格が予定価格の制限の範囲内であることと、技術点において必須評価項目における最低限の要求水準をすべて満たしていることが最低条件になります。

必須評価項目とは、調達において自治体側が必要と考える最低限の技術要素のことを指します。必須評価項目は公示時にあらかじめ公開されます。

例えば技術点において合計10項目の評価項目があり、その内訳は必須評価項目が３つで加点評価項目が７つだったとします。

この場合、７つの加点評価項目全部をクリアしても、３つの必須評価項目をクリアしないと失格になります。

総合評価点の一番高い得点を得た業者が落札者に

総合評価点＝価格点＋技術点で、総合評価点の一番高い点数を得た企業が落札者となります。

価格点と技術点の割合は調達（案件）ごとに決定し公開されます。技術要素が高い調達ほど技術点の割合が高くなります。例えば、サーバーとパソコンの設置と簡易なアプリケーションの導入と調整なら、価格点と技術点の割合は、１：１になる例が多いです。

また、自治体の基幹システムの入れ替えなど、サービスの遂行に必要不可欠なミッションクリティカル業務なら、技術的要素が重視されますので、価格点と技術点の割合は１：３になる例が多くなっています。

価格点と技術点の割合が１：１の場合では、

総合評価点（100点）＝価格点（50点）＋技術点（50点）

の計算式になります。総合評価点の満点が100点になります。

価格点と技術点の割合は１：３の場合では、

総合評価点（200点）＝価格点（50点）＋技術点（150点）

の計算式になります。

価格点と技術点の算出の仕方

価格点は入札価格から算出した評価点で、技術点は価格以外の要素から算出した評価点になります。「価格点」は入札金額と予定価格の計算で決まります。計算式は下記の通りです。

価格点＝（1－入札価格/予定価格）×価格点満点

また「技術点」は価格以外の要素、例えば、企業の信頼性や実績（納入件数、他官公庁の実績）、技術力（保有有資格）、製品の機能、サポート体制、保守対応力、高度なセキュリティ保有力、提案内容、プレゼン、安全性などを数値化して算出します。

それでは、総合評価点の計算の仕方を見てみましょう。

総合評価点(200点)=価格点(50点)+技術点(150点)の調達(案件)の場合、予定価格が1000万円で入札価格800万円だとすると、価格点は50点満点で10点になります。計算式は下記の通りです。

価格点(10点)=(1−800万円/1000万円)×50点

技術点については、技術要素を下記の表のように点数化しています。なお、この表は、自治体の基幹システムの更新調達を想定しています。

この例では、下記表の技術点評価項目の2番目の「保有技術力」(配点は40点)で応札企業のPMPの資格者が3人(基準は5人以上)だった場合、配点が40点ですが基準を満たしてないので、得点が0点になります。それ以外は基準を満たしたとしたら、技術点が110点になります。

技術評価項目については、公告のときに応札業者に公開されます。

■技術点評価項目の例

	技術要素	詳細項目	基準	配点	得点
1	企業の信頼性、実績	同システムの他自治体納入実績	同様システムで5自治体以上の納入実績があること	40	40
2	保有技術力	PMP(プロジェクトマネジメントの国際資格)の保有者数	PMPの保有資格者が5人以上いること	40	0
3	製品の性能	プリンタの消費電力	消費電力量が2.6kWh以下の場合	20	20
4	保守対応力	当該自治体に保守拠点があること	本市役所から10km以内に保守拠点があること	30	30
5	組織的な情報セキュリティの保有力	ISO27001情報セキュリティマネジメントシステム(ISMS)の国際認証資格の保有	応札企業がISO27001情報マネジメント(ISMS)の認証を取得していること	20	20
	合計			150	110

4-5 最低制限価格制度の概要

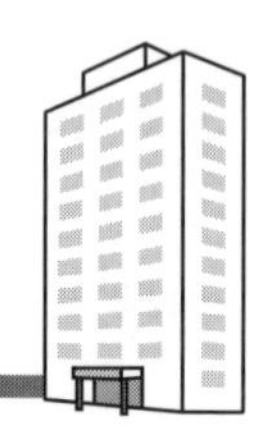

一部の地方自治体で実施されている最低制限価格制度とは、公共工事等の請負の契約の入札において、契約内容に適合した履行を確保するため（つまり粗悪な工事を防ぐため）に、あらかじめ最低制限価格を設ける制度です。一般競争入札および指名競争入札で採用されます。

予定価格以下で最低の価格で入札しても、最低制限価格を下回る場合には、これを落札者とせず最低制限価格以上かつ最も低い価格で入札した業者を落札者とします。

工事をしっかり行うに当たり、必要な経費などを発注者が勘案して、最低制限原価率を設定します。なお、最低制限原価率（%）は契約担当官等が設定します。

最低制限価格は予定価格と同じように、入札に参加する企業があらかじめ知ることはできません。最低制限価格は予定価格と同じく、自治体の職員が入札に参加する企業に情報を漏らすと官製談合となり、職員や情報を知り得た入札参加企業の関係者は罪に問われます。

最低制限価格での入札例

工事調達で予定価格500万円、最低制限原価率90%、最低制限価格を450万円と設定します。A社が600万円、B社が480万円、C社が440万円で応札しました。A社は予定価格より高いので失格となります。C社は3社の中で一番低い金額ですが、最低制限価格を下回っているので失格になります。そのため、500万円の予定価格と450万円の最低制限価格の間の480万円で応札したB社が、落札会社となります。

4-6 随意契約の概要

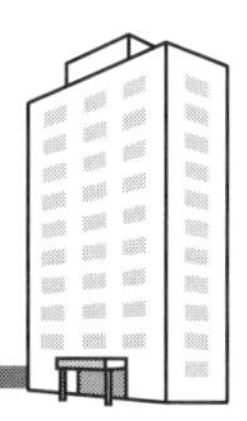

随意契約とは、国・地方公共団体などが競争入札によらず任意に決定した相手と契約を締結することです（予算決算及び会計令第99条、地方自治法施行令第167条の２）。随意契約の方針などの詳細は、各自治体がウェブ上で公開しています。

随意契約の種類

随意契約の種類は次の通りです。

• 少額随意契約

少額随意契約とは、契約金額が少額の際に、複数の業者から見積書を出してもらい、入札手続きを省略して契約するものです。下記の表に挙げた予定価格の基準以下の契約になります。

	都道府県及び政令都市	その他市町村
工事または製造請負	250万円	130万円
財産購入	160万円	80万円
物件借入	80万円	40万円
財産売却	50万円	30万円
物件貸付	30万円	30万円
それ以外	100万円	50万円

• 緊急随意契約

災害時等の、緊急で競争入札に付す時間的余裕のないときに行われます。堤防崩壊、感染症発症時の薬品調達等が該当します。

・不落随意契約

競争入札で入札者、落札者が不在のときに該当します。

・競争入札に適さないとき、および競争入札では不利となるとき

特殊・独自の技術や機器を必要とする業務で、特定の者と契約しなければならないときに該当します。例えばシステムの特許権、著作権等を持っている企業と契約をするときなどです。

また「競争入札では不利となるとき」とは、契約履行中のもので履行期間の短縮、経費の節減が確保できる場合が該当します。

例えば工事、機器、設備、システムの維持管理や再リース等です。この場合、現状維持管理をしている業者やリース契約をしている業者と、随意契約を結ぶことになります。

・時価より著しく安価のとき

特定の施工者が必要な資材を現場付近に多量に保有しているときや、特定のシステムを利用することで、入札するより安価になることが認められるときなどが該当します。

・競争入札で落札者が契約しないとき

一般競争入札または指名競争入札で、落札者が契約を締結しないときです。

・特定の施設から（福祉施設関連）

福祉施設からの物品は、原則随意契約で自治体が購入しています。

4-7 プロポーザル方式の概要

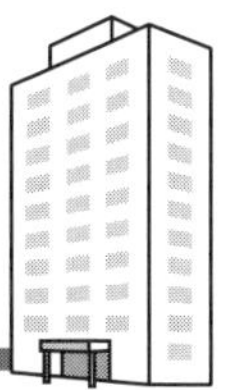

プロポーザル方式とは、技術的に高度または個性が重視される業務（案件）を自治体が発注する場合に行われ、一般競争入札および指名競争入札で採用されます。

当該業務にかかわる実施体制、実施方針、プロジェクトに対する提案等に関するプロポーザル（企画提案書）の提出を受け、必要な場合にはヒアリングを実施したうえで、当該プロポーザルの評価を行って、業務に最も適した設計者を選定する方式です。

後述するコンペ方式では、明確な設計条件により、施設の設計案自体を評価し、選定しますが、プロポーザル方式では、具体的な課題を提示して、課題に対する提案（業務の実施方針）を評価し、設計者を選定します。

プロポーザルの対象業務

プロポーザル方式を採用することができる業務は、実績、専門性、技術力、企画力、創造性など、価格以外の要素を含めて総合的に判断する必要がある業務です。プロポーザルの対象となる業務には、以下のようなものがあります。

・行政計画等の調査・立案業務

事例：熊本県八代市の防災行政情報通信システム基本計画および調査の業務委託

設備の老朽化により現状の防災システムの課題が多くなり、新たな防災情報システムを構築するうえで、多様化する情報伝達手段の可能性について、さまざまな観点から調査・分析・比較検討等を行い、八代市が求める基本計画（案）を作成する業務です。

・システム開発等の業務

事例：愛知県東海市の文書管理システムの開発委託業務

文書管理台帳を元に原本管理していた文書をPDF化し、文書管理を専用パッケージソフトの改修で文書を簡易に登録、検索するシステムの開発です。

・催事、公演、イベントなどの芸術性、創造性等が求められる業務

事例：千葉県市川市の婚活イベント開催の業務委託

街コンのイベントの企画と当日の運営を請け負う仕事です。夜の図書館でのお見合いパーティーの企画・運営などを行います。

・維持管理、運営等の業務

事例：東京都板橋区の赤塚植物園樹木等維持管理および農業園運営管理等の業務委託

園内の植物および施設等を常に良好な状態で維持・管理する業務や、農作物の栽培・日常管理、農業体験イベントおよび講座を企画・運営する業務です。

・そのほか、プロポーザル方式により実施することが適当な業務

事例：「くまもとジビエ」活用・PR促進支援事業の業務委託

熊本県内で捕獲したシカおよびイノシシの肉を、熊本の新たな特産品として普及拡大するなど、地域資源として有効活用することにより、地域の活性化につなげるため、「くまもとジビエ料理フェア」の開催、情報発信のツールの制作などを行う業務です。

なお、プロポーザル方式についての営業の流れは、第５章で詳しく説明します。

コンペ方式とプロポーザル方式の違い

なお、プロポーザル方式と混乱しやすい入札方法に、「コンペ方式」があります。コンペ方式は、明確な設計条件により、施設などの設計案自体を評価し、選定します。つまりコンペ方式は、最も優れた「設計案」を選ぶ方式です。

これに対してプロポーザル方式は、最も適した「設計者（法人）」を選定するものです。

4-8 そのほかの入札方法

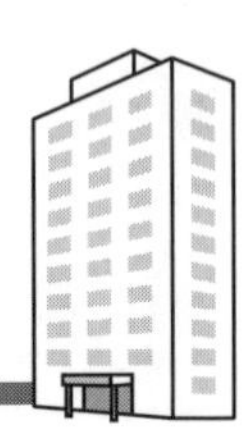

オープンカウンター

オープンカウンターは、複数の業者から見積書を提出させ、最低金額を契約者とするものです。「見積もり合わせ」ともいいます。実際に入札箱が受付カウンターの上に置かれたことからこう呼ばれています。

オープンカウンターの特徴は、一般競争入札や随意契約と比べて、予定予算額が低い傾向があり、また公示日から見積書提出期限日までの期間が短くなるのが一般的です。

案件の主な内容は「物品の購入」や「印刷物の発注」などです。実際に受付カウンターに見積書を提出する場合もあれば、ウェブ上で見積金額を提示する場合もあります。

なお、一般競争入札や随意契約では入札参加資格が必要ですが、オープンカウンターは入札資格がなくても参加できます。オープンカウンターは当該自治体に拠点を置くことが求められているケースが多いため、地元企業に有利な制度といえます。

せり売り

せり売りは動産を売り払う場合に、せり上げ、せり下げの方法により、地方自治体・官庁に最も有利な条件を示した者を相手とし、契約を結ぶ方式をいいます。もともと、各種の生産品や遺失物などを売却する際に、この手法が行われていました。

最近は地方自治体の物品の購入時にも、せり売りの手法が使われ始めました。これは、簡単にいえば、リバースオークション（買い手＝自治体が売り手を選ぶ方式）になります。手法と手続きについては、一般競争入札の手法が準用されています。

物品購入時のせり売りでは、あらかじめ登録した入札参加者がインターネット上で応札価格を入力します。次にその中で一番低い金額を入力した業者の金額が表示されます。

そのうえで入札参加者は、一番低い金額を入力した業者の金額を見て、再度自社の応札価格を入力します。これを３回程度繰り返し、予定価格を下回り、かつ一番低い金額を入力した業者が落札者となります。

せり売りの事例

①条件：３回の応札で落札者決定

②予定価格：142万円

③実際の入札例と入札回数

- １回目　　A社（200万円）　B社（180万円）　C社（160万円）
  ⇒２回目はC社の160万円を下回る金額で応札します。
- ２回目　　A社（155万円）　B社（145万円）　C社（150万円）
  ⇒３回目はB社の145万円を下回る金額で応札します。
- ３回目　　A社辞退　　　　B社（140万円）　C社（144万円）
  ⇒B社が落札。

4-9 入札から契約までの手順

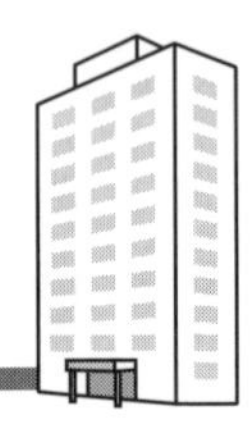

自治体の企業への発注の仕組みや方法を理解できたところで、いよいよ実際に仕事を獲得するコツやポイントを紹介します。

まずは価格だけで発注先を決める「一般競争入札」についてです。一般競争入札の決め手は価格だけですから、取り組みやすい案件獲得方式といえます。

一方、「入札の手順」は、会計法や地方自治体法といった法律で定められています。間違えるとどんなに価格競争力があっても受注できません。一般的な入札の手順や、多くの営業担当者が苦手としている文書の読み込みのコツなどを、しっかり押さえて臨みましょう。

一般競争入札での入札から契約までのプロセスは以下の通りです。

営業品目とランクの決定

自治体で入札の公告をする前に、自治体側がやっていること。それは営業品目（290ページの図表を参照）と等級（ランク）の決定です。

例えば自治体がＡＥＤの購入について入札を行うとき、ＡＥＤの営業品目は「医療用機器類」。したがって、事前に営業品目として「医療用機器類」を登録している企業だけが入札に参加できるというわけです。

また、許認可が必要な業務には、所定官公庁の認可を取得していることが前提なのはいうまでもありません。例えば事務所引っ越し業務の入札がある場合、「第１種貨物利用運送事業」の登録がないと入札には参加できません。

次は等級（ランク）の決定です。等級は業者登録時に申請企業に通知されています。商談の規模でA、B、Cの等級に分かれます。

入札公告や入札仕様書に今回の等級区分はAとかBおよびCと記載しています。等級の指定がない場合もあります。

あくまで目安ですが、Aランクは従業員500人以上の大企業で、Bランクは従業員100人から500人程度の企業、Cランクは従業員100人未満の企業です。

これによって、100万円ほどの金額の少ない入札でCランク限定とすると、大企業が入札できないため、中小企業の保護・育成に寄与します。また、数十億円規模の大きな入札で、品質を担保できないCランクの企業がむやみに参加できない仕組みでもあります。

公告の掲載

次に自治体は、入札の公告を自治体のホームページに掲載したり、契約課の入り口付近の掲示板に掲示します。

一般競争入札の場合には、入札の10日前に入札関連資料で対象案件、営業品目、入札参加者の資格、入札の場所、日時などを公開します。

入札関連資料は自治体の契約課で直接、またはホームページから入手できます。

入札関連資料の中に入札仕様書があります。入札仕様書は、入札にかかる物品やサービスの内容、品質、仕様、数量などを指定した文書で、自治体側が何をしてほしいのかが書いてあります。この内容について自治体に質問をすることができます。

入札仕様書で聞くべきポイント

自治体は、入札参加予定企業の質問の全項目を、入札前に質問者全員に対してメールやファックスで回答します。入札仕様書にあやふやな内容があれば質問しましょう。

例えば「機器の納品等」と仕様書の文言にあった場合はどうでしょう。納品だけすればいいのでしょうか。落札し契約を締結した後に「等」に含まれる業務内容として、担当職員から「納品だけではなく、納品の立ち会い、稼働確認までが業務内容ですよ」と言われたら、対応できない事態にもなりかねません。「等」の内容をあらかじめ質問しておけば、こうした困った事態に陥らなくて済むでしょう。

また、例えばあるシステムの商談で仕様書に「10km以内に保守拠点があること」と記載されていたとします。

自社の保守拠点が自治体から12kmにある場合、このままだと入札に参加できなくなってしまいますね。

そうしたときには入札の公平性、公正性に反しているとして、緩和してもらえるように、次のような質問をするテクニックもあります。少し難しいかもしれませんが、ロジックは通っているのでぜひ試してみてください。

「仕様書には保守拠点が貴自治体から10km以内となっておりますが、これはインシデントの発生時に早急に訪問できる体制をご希望だと推察いたします。弊社の保守要員は10人で、この地区では同業他社より人数が多く、インシデント発生時には貴自治体の近隣にいる保守要員に携帯電話、メールで連絡を取り、対応できる仕組みを持っております。

弊社の保守拠点は12Km以内ですが、弊社の保守要員の人数も充実し早急に訪問できる仕組みもあります。仕様書には保守拠点が貴自治体から10km以内となると特定の会社だけに限定されてしまいます。つきましては10Kmという限定でなく15km以内としていただくか、原則10kmという解釈で12km以内もお認めいただくよう、よろしくお願い申し上げます」

入札参加予定企業からの全質問は、入札前に自治体からメールまたは

■入札公告の例（栃木県におけるAED入札公告）

○入札公告

次のとおり一般競争入札に付する。

令和元（2019）年12月20日

栃木県知事　　福　田　富　一

1　入札に付する事項

(1)　購入物品等の件名及び数量　　自動体外式除細動器（ＡＥＤ）等　１式

(2)　購入物品等の特質等　　　　　入札説明書による

(3)　納入期限　　　　　　　　　　令和２（2020）年３月13日

(4)　納入場所　　　　　　　　　　入札説明書による

2　入札に参加する者に必要な資格

(1)　地方自治法施行令（昭和22年政令第16号）第167条の４に規定する者に該当しない者であること。

(2)　競争入札参加者資格等（平成８年栃木県告示第105号）に基づき、以下に掲げる入札参加資格を有するものと決定された者であること。

大分類・医療、薬品類　　小分類・医療用機器

(3)　令和２（2020）年１月16日において、栃木県競争入札参加資格者指名停止等措置要領（平成22（2010）年３月12日付け会計第129号）に基づく指名停止期間中でない者であること。

(4)　栃木県内に本店、支店又は営業所を有する者であること。

3　入札の手続等

(1)　契約に関する事務を担当する課の名称等及び契約内容の縦覧場所

〒320-8501　栃木県宇都宮市塙田１丁目１番20号

栃木県会計局会計管理課　契約指導・調達室　電話028-623-2091

(2)　入札説明書の交付期間及び交付場所

令和元（2019）年12月20日から同月26日までの日（土曜日及び日曜日を除く。）の午前９時から正午まで及び午後１時から午後４時まで、(1)の場所において交付する。

(3)　入札及び開札の日時及び場所

令和２（2020）年１月16日　午前10時

栃木県会計局会計管理課入札室（栃木県庁東館３階・入札室１）

4　その他

(1)　入札保証金及び契約保証金　免除

(2)　入札の無効

入札当日指定された場所、時刻に到着しない場合、２の入札参加資格のない者の提出した入札書、入札者に求められる義務を履行しなかった者の提出した入札書及び栃木県財務規則（平成７年栃木県規則第12号）第156条第３号から第７号までに掲げる入札に係る入札書は、無効とする。

(3)　落札者の決定方法

栃木県財務規則第154条の規定に基づいて設定された予定価格の制限の範囲内で最低価格をもって有効な入札を行った者を落札者とする。

(4)　その他

ア　最低制限価格の有無　無

イ　詳細は、入札説明書による。

（会計局会計管理課）

ファックスで回答が来ます。その回答内容をもとに、自社が参加できるかどうか、確認して入札に臨みます。

入札の実際

さて、いよいよ入札となります。

入札は実際の会場に訪問して入札に立ち会うか、電子入札といってパソコンで金額などを入力して登録する方法や、郵送で入札書を送付する方法があります。

実際の方法は、案件ごとの入札関連資料に記載されていますので、よく目を通して確認してください。

近年では電子入札が多くなりましたが、担当者が「札（ふだ）（入札金額を記入して持参した入札用紙）」を入札室に指定の日時に持参して、直接、札を入れるタイプの入札もまだあります。

そのときに慌てたり緊張したりしないように、実際の入札会場の様子を紹介しましょう。

自治体の入札は自治体施設の指定された一室で実施します。かつては多くの自治体で入札室という特別な会場を設けていましたが、近年では庁舎の狭隘化（きょうあいか）のため、通常の会議室を入札会場として使うケースが増えてきました。

会社名、出席者を記入する書類が入り口に置いてある場合は、自社のライバル会社としてどこが来ているかしっかり確認して忘れずにメモをしておくと、次の入札に役立ちます。

入室したら席に着きましょう。遅刻したら会場に入れませんので、時間内に着席してください。

入札時間の５分前にもなると、自治体の職員が２名、入札箱を抱えて会場に入ります。コンビニなどでよくやっている、三角形の紙が入ったスピードくじの箱より少し大きいくらいの、文字通りリアルな箱です。

入札箱が机の上に置かれ、箱を前にする形で職員が着席します。入札

■入札書の記載の仕方（静岡県焼津市の例）

入　札　書

1　入札番号　　第○○号

2　物　件　名　　○○○○○○○○○○

3　引渡し場所　　焼津市の指定する場所

上記の物件を、入札心得を承諾の上、下記の金額で供給したく申し込みます。

	拾	億	千	百	拾	万	千	百	拾	円
入札金額			¥	1	2	3	4	0	0	0

平成○○年○○月○○日

発注者　焼 津 市 長

入札者　住　　所　○○○○○○○○○○
　　　　商号又は名称　○○○○○○○○○○
　　　　代表者氏名　○○○ ○○○　㊞

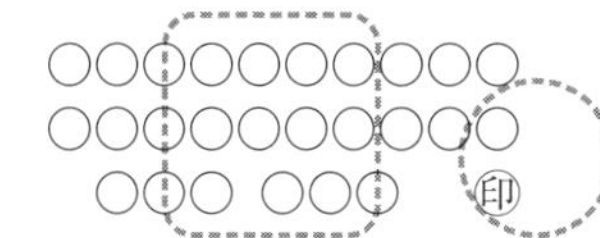

箱を挟んで職員と参加企業が向き合う感じです。

「これから○○の入札を行います。応札者は入札箱に入札書を入れてください」と職員が入札開始を宣言。

着席していた企業担当者は入札書の入っている封筒を手に立ち上がり、会場前に集まって封筒を入札箱に入れます。このとき箱に入れる順番は自由。箱に封筒を入れ終わった企業担当者は、席に戻って着席します。

全員が封筒を入札箱に入れ終わったら自治体職員は箱のふたを開け、

応札者の封筒の封をその場でハサミで切って入札書を取り出し、書かれた金額を二人でダブルチェックで確認します。

すべての封筒の中の金額を手元で確認し終わったら、発表です。

「それでは、これから入札結果を発表します。A社、1450万円。B社、1590万円。C社、1600万円。予定価格は1500万円ですので、落札者はA社になります」

なお、ここで落札した企業A社の担当者が起立し、担当職員と他社担当者に一礼して着席することがマナーとされています。

再入札となった場合

ここで予定価格を下回る入札者がいない場合は、各社の入札価格が予定価格を下回るまで繰り返し入札を行います。

これを再度入札といい、最終的に応札者は最低価格を下回る金額で落札するか、または落札できない場合は、予定価格に一番近い応札業者と自治体が別途、随意契約交渉に入ります。

ここで注意しなければならないのは、1回目の入札で落札業者が決まらなかったときのため、2回目、3回目の入札に使う入札書を会場に必ず持参することです。もちろん再入札の金額も、あらかじめ自社の価格戦略に基づき決めておきます。

権限を与えられた人が白紙の入札書を持参しておき、再入札が2回目、3回目になったときに、周りのライバルの様子を観察しながら、価格をその場で価格を記入するということもあります。まれなケースですが、こうなると心理戦の様相を呈してきます。

さて、再入札を繰り返し個別に交渉しても契約者が決まらない場合は、入札条件を見直して入札公告からやり直します。これを再度公告入札といいます。

自治体職員にとっては再度公告には手間がかかるし手続きが面倒なの

で、随意契約交渉でなんとか一番札（落札はしていないが予定価格から一番近い業者）の業者に契約を迫ってくることもあります。

では、落札すべき同価格の入札者が2者以上ある場合はどうなるでしょう。なんと、「くじ」によって落札者を決定します。最も公平性のある方法で選定するというわけです。

落札したら契約を締結する

こうした入札のプロセスを経て決まる落札業者。落札したら自治体との契約に入ります。契約書は、入札関連資料に添付されている自治体作成の契約書で契約を締結します。

ここで、民間の契約ではなじみのないルールに落札業者が戸惑うことがあります。それは「契約保証金の支払い」。自治体ビジネス未経験の企業に最も衝撃を与えるのが、この契約保証金の支払い要求です。「仕事を受注し対価をもらう側が、なぜお金を払わなければならないのだ」と憤慨する企業もあるくらいです。

この制度は、落札者の契約履行を確保させるために多くの自治体が設けているルールです。入札説明書などの事前に開示されている資料には明記されていますが、このルールを見落としてしまっている企業も多いのです。入札金額をどうするかに意識を取られる前に、しっかりと入札説明書を読み込んでおきましょう。そして契約保証金の支払いルールがある場合は、あらかじめ社内で予算をとる段取りをしておきましょう。

なお、契約保証金は、規則の定めるところにより減免できます。詳しくは入札関連資料で確認してください。

その後、落札者は入札仕様書通りの品質、納期を守って、納品や役務の提供が終ってから、自治体の検査を受け、合格後に初めて自治体に請求をすることができます。

4-10 入札関連資料の特徴と読み方のコツ

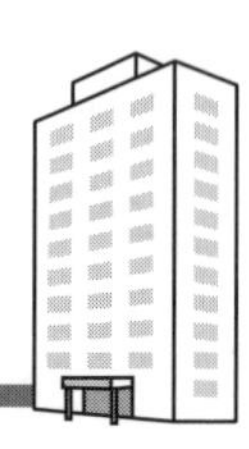

一般競争入札では、事前に次のような資料が配布されます。各資料の特徴を押さえ、しっかりと読み込みましょう。

入札説明書

入札説明書はその入札案件の目的や参加資格、入札までのスケジュール、プロセス、入札日時、実施方法など、その案件の入札までの概要がまとめられています。主に5W1Hが書いてある文書なので、それほど読み込みは難しくありません。一方で、この5W1Hは入札の基本的なルール。読み間違いのないようにしましょう。

また、電子入札ならともかく、入札書を持参しての入札には時間に余裕を持って臨みましょう。とかくヒューマンエラーが起こりがちなのが入札時間への遅刻。13時と3時の見間違いなど初歩的なミスはもちろん、朝9時からの入札で自宅から直接入札会場に向かったものの、交通渋滞に巻き込まれ遅刻し、入札会場に入れず応札できなかった営業担当者は世の中に数多くいます。

特に、雪や大雨などの天候には注意が必要です。例えば奈良県の生駒（いこま）市役所は山の上にあり一本道なので、雪のときは大渋滞に。車で出かけたものの遅刻してしまい、応札できない企業も出ています。

入札仕様書

入札にかかる物品やサービスの内容、品質、仕様、数量などを指定した文書で、官公庁側が何をしてほしいのかが書いてあります。

仕様書に書いてある通りの物品を買ったり、あるいはサービスを受けたりするといくらお金がかかるのか、入札金額をはじきだすために必須の文書で、この条件に該当する範囲で応札ができます。一方で仕様の範囲外では応札することができません。入札仕様書は2人以上で読み合わせをして、注意事項を書き出しながら漏れがないようにしましょう。

例えば、仕様書の備考に「ISO140001の認証を取得していること」などと、さらっと書いてあったりします。その場合は、自社が認証を取得していなければ応札できません。認証資格がないのに応札し落札した場合は入札仕様違反となり、指名停止処分など行政処分が待ち受けています。

入札心得書

その自治体が定めた、入札にあたっての基本的なルールが書いてあります。内容は、入札制度上の具体的な取り決めや、法令遵守に関することなどです。専門用語や入札独自のルールが盛り込まれています。

後述のコンプライアンスの章（第6章）でも記載していますが、ルールを守らなければ、談合や競争妨害などで会社や個人が処罰されることもあります。また、落札後に落札者が辞退すると、会社が指名停止処分になることなどを知らないと、大事になりかねません。

入札書

入札金額を書いて、提出する書面です。金額や転記を間違えないように計算し、複数人で確認し入札金額を記入します。

例えば単価なのか、合計金額なのか、税込みか税抜きか、月々の賃借料なのか、年の合計金額なのか。

一人で計算して入札書に転記するのでなく、必ず複数人で確認しましょう。

例えば、60カ月総額の入札にもかかわらず、１カ月の賃貸借料を記載し応札し落札してしまった場合は大赤字必至。だからといって落札後に辞退すると指名停止処分を受けることになります。金額は何度も確認して書き込んでください。

また、再入札のときは、一回目の入札書を再利用できません。つまり、別の入札書がないと再入札に参加できないのです。あらかじめ、別の金額を記入した入札書や、金額未記入の押印した入札書を複数枚持参しましょう。

契約書（案）

配布されない場合も多いのですが、落札後、どのような契約内容になるか　契約書の案が事前に示されます。この内容をしっかり読んでおかないと、落札後「こんな契約内容では実施できない」という部分が出てきてしまいかねません。また、せっかく落札できたのに辞退ということになると、指名停止処分になることもあります。

近年は、落札の後、企業内の法務部に自治体から提示された契約書をリーガルチェックに回したところ通らず、営業担当者が行政側と会社の板挟みになることがよく見られます。

こうしたことがないように、可能なら入札前に契約書（案）を、会社のリーガルチェック部門に回しておきましょう。

第5章

プロポーザルに挑戦してみよう

近年、自治体が民間企業を選定する際のプロセスとして積極的に採用されているプロポーザル（企画競争）方式。プロポーザルを戦う10のステップの紹介と、各ステップで勝つために必要な具体的なポイントを紹介します。

5-1 プロポーザルとは何か

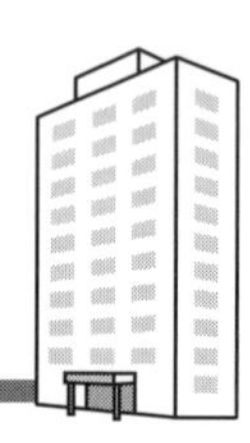

自治体が民間企業に業務を発注する方式の中で、エントリーする企業が増えているのがプロポーザル方式です。自治体が提示した業務内容について、自社だったらどのように実施するか、考え方や実施内容を提案書に取りまとめ、その優劣で競い合います。

複数の企業のなかから最も優れた提案をした企業を選ぶ——それがプロポーザル（企画競争）です。

プロポーザルで勝つポイントとは

いまや多くの企業がエントリーするようになったプロポーザルですが、なかなか勝てずに苦戦している企業が少なくありません。

実は、プロポーザルには勝率を高める戦い方のポイントがあるのをご存知でしょうか。最も大切なのは、「仕組みで戦う」ということ。この章では、プロポーザルの勝ち体質を作る戦い方のプロセスやポイントを見ていきましょう。

「プロポーザル」という言葉の本当の意味は？

企画提案書とプレゼンテーションの優劣で案件を戦い勝ちとるプロポーザル。

そもそも論ですが、プロポーザルとはなんでしょうか。まずはこの基本中の基本を押さえておきましょう。

英語の綴りは“proposal”。提案を意味する名詞で、「結婚の申し込み」という意味合いもあります。身近なフレーズでいう「プロポーズ」でおなじみですね。

プロポーズは「結婚してください」という意思を表明するもの。言い換えると「パートナーとして一緒に歩んでください」という意向を相手に伝えることでもあります。

この「パートナーとして」というのが、まさに自治体プロポーザルの本質。「地域課題の解決を一緒に考え取り組むパートナーとして、弊社を選んでください」というのがプロポーザルに挑む会社のスタンスなのです。一方、自治体にとってはパートナー候補となる法人からの「求婚」を募る、大切なイベントといえるでしょう。

自治体が「組む相手」を決めるのがプロポーザル

ここで大切な原則を押さえましょう。自治体がプロポーザルで選ぶのは、あくまでも「組む相手」。「提案そのもの」ではありません。これは、プロポーザルとよく混同されるコンペとの違いからも明らかです。

コンペは「コンペティション」の略。構造物の設計やデザイン案などで使われる選定方式です。

コンペは、自治体が民間企業にやってもらいたいことに対して具体的な条件を細かく提示し、民間企業はその条件を満たす提案を出します。したがって評価されるのは「提案」そのもの。例えばよく耳にするデザインコンペがこれに当たります。コンペで出されたデザイン案そのものの優劣を評価するわけですね。

それに対してプロポーザルはどうでしょうか。

プロポーザルは自治体が課題を提示し、その課題を解決してくれる法人を募集します。民間企業はその課題を自社のノウハウやリソースでどのように解決するか、法人としての業務実施方針や解決策そのものについて提案し、「組む相手としてふさわしいですよ」ということを訴求します。

評価されるのは提案内容だけではない

ここがコンペとの決定的な違い。つまり、評価されるのは提案を含めた「提案者」、すなわち提案した民間企業であり、「提案」の優劣だけで評価するのではないということなのです。

ここを取り違えている企業がプロポーザルでよく陥りがちなのが「オリジナリティある尖った提案をすれば勝てる」という思い込み。

課題の解決のために自社としてどう臨むか、提案内容だけでなく組む相手としてふさわしいか、さまざまな観点から評価される——こうしたプロポーザルの本質を、まずはしっかり押さえておきましょう。

5-2 実際のプロポーザル事例を見てみよう

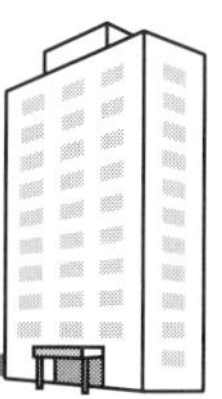

「プロポーザルって一体どんなものなんだろう？」――経験したことがない、見たことがない方はイメージがわかないかもしれません。そこで、わかりやすい事例を一つ紹介しましょう。

新潟県柏崎市のプロポーザルの事例

2019年８月に新潟県柏崎市が公募した「柏崎市防災ガイドブック作成業務委託」。発注先の選び方はプロポーザル方式です。

自治体は観光名所、自然資源、地元の商店紹介など、さまざまな分野でガイドブックを発行しています。こうしたガイドブックの印刷は、最も安く引き受けてくれる会社を入札で選んで発注するのが一般的。それに対して柏崎市は、ガイドブック作成の発注先を入札ではなくプロポーザルで決めています。一体なぜでしょうか。

柏崎市がプロポーザルのルールを明記している「柏崎市防災ガイドブック作成業務委託 公募型プロポーザル実施要領」にある案件の目的を見てみましょう。

> 市では、「防災ガイドブック（自然災害編）」を平成27年（2015年）２月に発行し、全世帯に配布して防災意識の向上を図ってきた。しかし、全国では毎年のように大規模災害が発生し、その度に新たな防災対策が取られ、適切な避難対策や情報伝達手段の在り方等も変化してきているため、<u>ガイドブックの内容を見直して最新の知見に基づいた災害時の避難行動や防災情報を伝える必要がある。</u>あわせて、新潟県が新たな洪水及び津波浸水想定を指定したことを受け、

市では平成30年度（2018年度）に洪水・津波ハザードマップを更新したため、新たなハザードマップを市民に周知する必要がある。これらを踏まえ、民間事業者における専門的知見、創意工夫を反映しながら、市民目線での防災ガイドブック作成を行うことを目的とし、本プロポーザルを実施する。

まず注目したいところは、このガイドブック作成の必要性。「最新の知見に基づいた災害時の避難行動や防災情報を伝える必要がある」ことと、「新たなハザードマップを市民に周知する必要がある」ことの２点とされていますね。ということは、新しく作成するガイドブックは盛り込む内容がとても重要。最新の知見や新しいハザードマップの情報を、市民に対し「伝わるように伝える」ハンドブックでないと、市民の生命や財産が脅かされかねないからです。

こういう仕事は「安ければいい」という性質のものではありません。当然仕事を発注するなら「専門的知見」「創意工夫」「市民目線」について最も優れたノウハウを持っているところにお願いしたいですよね。だからこそ、プロポーザルで最も優れた提案をした会社に、印刷も含めてガイドブック作成を発注しますよ、というわけです。

仕様書で内容を確認する

それでは、どんなガイドブック作成が求められているのでしょうか。仕事の内容は「仕様書」という文書に定められています。

柏崎市が出している仕様書「柏崎市防災ガイドブック作成業務委託仕様書」の中を覗いてみましょう。

ひとくちに災害といっても、その種類はさまざま。地震、津波、風水害、土砂災害と幅広く捉えなければなりません。当然避難の方法や被災したときの対応などはそれぞれ異なるもの。この辺りをいかにわかりやすく読み手に伝えられるか、災害が起こったときにすぐ動けるような行

■「柏崎市防災ガイドブック作成業務委託 仕様書」の一部

(1) 防災ガイドブック原案作成

本市における自然災害への備え、有事の際の行動などについて、わかりやすく伝達できる構成、イラスト、図表等を用いたガイドブック原案を、市と協議しながら作成すること。

《ガイドブック構成内容》

分類	内容	頁数(参考)	入稿範囲
表紙＋目次	表：表紙・目次	2	受託者と協議の上決定
共通編	災害への備え（自主防災会・個人向け） 災害時の情報伝達・広報に関すること など	2～4	受託者と協議の上決定
個別編(地震)	地震時の行動、揺れと被害、耐震診断・安全チェックなど	2～4	受託者と協議の上決定
個別編(津波)	津波の仕組み、避難の注意点、警報等種類及び避難情報発表基準　など	2～4	受託者と協議の上決定
個別編(風水害)	台風、集中豪雨及び河川水位に係る注意点並びに避難情報発表基準　など	2～4	受託者と協議の上決定
個別編(土砂災害)	土砂災害の種類、警戒情報、土砂災害ハザードマップの位置づけ及び避難情報発表基準　など	2～4	受託者と協議の上決定
資料編(1)	避難所・避難場所及び津波避難所・避難場所一覧	2～4	受託者と協議の上決定
資料編(2)	柏崎市津波ハザードマップ（18図郭-見方の説明）	38	PDF、JPG、AI形式のデータで入稿
資料編(3)	柏崎市洪水ハザードマップ（17図郭-見方の説明）	36	PDF、JPG、AI形式のデータで入稿
裏表紙		1	受託者と協議の上決定
		計100頁	

※1　原案に係るデザイン案は、電子データで納品。
※2　成果品は、市ホームページにも掲載予定であるため、原稿のPDFデータも納品すること。
※3　ガイドブック原案は、本市の地域防災計画・マニュアル等を参照しながら、作成する。なお、「基本構成」における頁数は、参考程度であり、市と協議の上、決定する。

(2) 防災ガイドブック印刷製本

・製　　本　A4版フルカラー両面無線綴じ・左開き・片側二穴空け
・部　　数　38,000部
・ページ数　約100ページ
・用　　紙　表紙コート紙70.5kg/A、本文コート紙46.5kg/A

(3) 防災ガイドブック納品

令和2年（2020年）1月6日（月）～1月10日（金）までの期間において、市が別途指定する場所へ納品すること。

動に結びつけられるか――応募した企業の腕前が問われるところです。

一方、柏崎市サイドは複数の会社からどんな基準や考え方で選定するのでしょうか。「柏崎市防災ガイドブック作成業務委託 公募型プロポーザル実施要領」にある評価の方法を見てみましょう（下図参照）。

実施要領によると、選定委員会を置いて評価項目に沿って点数評価する方法をとっています。これを見ると「企画提案」の項目が100点満点で配点が70点。加重倍率も「業務実施体制」や「見積額」の２倍に対して３倍。明らかにガイドブックの企画内容勝負なのがわかりますよね。

一方、「見積額」の配点はどうでしょう。100点満点のうちわずか10点。つまり、仕事をとりたいがゆえに赤字覚悟で値引きするという作戦で頑張っても、もらえる点数は最大でも10点だけ。値引きは勝敗にはほとんど影響がないということです。

民間ビジネスに慣れている企業がよく間違える点はここ。大幅に値引

■「柏崎市防災ガイドブック作成業務委託 公募型プロポーザル実施要領」の一部

(1) 選定方法

「柏崎市防災ガイドブック作成業務委託受託者選定委員会」において、提案内容について総合的に評価を行い、最も評価の高い事業者に契約交渉権を有する最優秀事業者に、次に評価の高い事業者を次点事業者に、それぞれ選定する。

(2) 評価項目

次の項目により評価を行うこととする。

評価項目	評価事項	配点	加重倍率
1　企画提案		70	
	企画編集コンセプト	5	×3
	表現力	5	×3
	デザイン性	5	×3
	レイアウト	5	×3
	特筆すべき事項	5	×2
2　業務実施体制		20	
	業務実施体制・スケジュール	5	×2
	業務実績	5	×2
3　見積額		10	
	見積金額	5	×2
合計		100	

■結果を知らせるウェブサイト

最優秀提案者

株式会社カンコー

優秀提案者（次点事業者）

株式会社北都

総評

本プロポーザルに際し、ご提案をいただいた皆さんに感謝の意を表します。

このたびのご提案は、本市の現状などを的確に捉え、豊富な業務実績に基づいたものであり、それぞれの提案者の特色が出ておりました。その内容は優劣つけがたく、選定作業は非常に苦労しました。

各審査員で審査のポイントを確認し、それぞれで審査を行った後、審査結果を事務局でまとめ、その内容に基づき、審査委員会で各委員の意見を出し合い、合議により決定しました。

きすれば採用してもらえる、という感覚で見積額を下げても、必ずしも勝てない理由がおわかりになるのではないでしょうか。

見積もりの話が出たところで、このガイドブック作成プロポーザルに対して柏崎市が用意した予算はいくらなのでしょうか。

実は自治体が出しているプロポーザルのほとんどが、実施要領などに予算価格を明記しています。柏崎市のこの案件、予算額は600万円。プロポーザルに参加を検討する場合は、まず仕事の内容と予算額を確認し、利益を出せる案件なのか確認するとよいでしょう。

さて、この案件を勝ちとった会社は一体どこなのか。気になりますよね。自治体によって開示・非開示はまちまちですが、柏崎市の場合は選定企業を選定理由とともに公式ウェブサイトに開示しています。

プロポーザル案件の事例紹介、最後に柏崎市の公式ウェブサイトからの結果を紹介しておきましょう（上図参照）。

5-3 なぜプロポーザルで思うように勝てないのか？

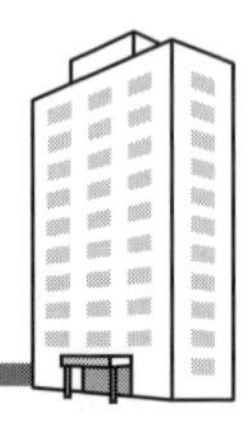

ここまで述べてきたように、プロポーザルは、企画提案書と、場合によってはプレゼンテーションもある案件獲得の勝負ごとです。すでにプロポーザルに取り組んでいる企業の方は、こんな行動にお心当たりはありませんか？

- 徹夜する
- 企画提案書づくりは担当者一人に任せきり
- 時間がないのですぐに企画提案書を書き始める
- 自社が「できる」案件に挑む
- 勝ち目が薄くても企画提案書を提出するところまでやりきる
- オリジナリティと発想の独創性で勝負する
- プレゼンテーションはプレゼンスキルで勝負する
- プレゼンテーションに一人で参加する
- プレゼンテーションは企画提案書を説明する場だと思っている

プロポーザルに勝てない５つの原因

実はこれらの項目、プロポーザルになかなか勝てない会社や勝ち負けを不安定に繰り返す会社に見られる共通の特徴です。一体なぜなのでしょうか。その背景には次の５点が原因として考えられます。

① 勝率を高めるプロセスとポイントを知らない

「徹夜する」「すぐに企画提案書を書き始める」――これらは負けるプロポーザルの戦い方の筆頭です。なぜそうなるのか。それは勝率を高め

■プロポーザルの注意点

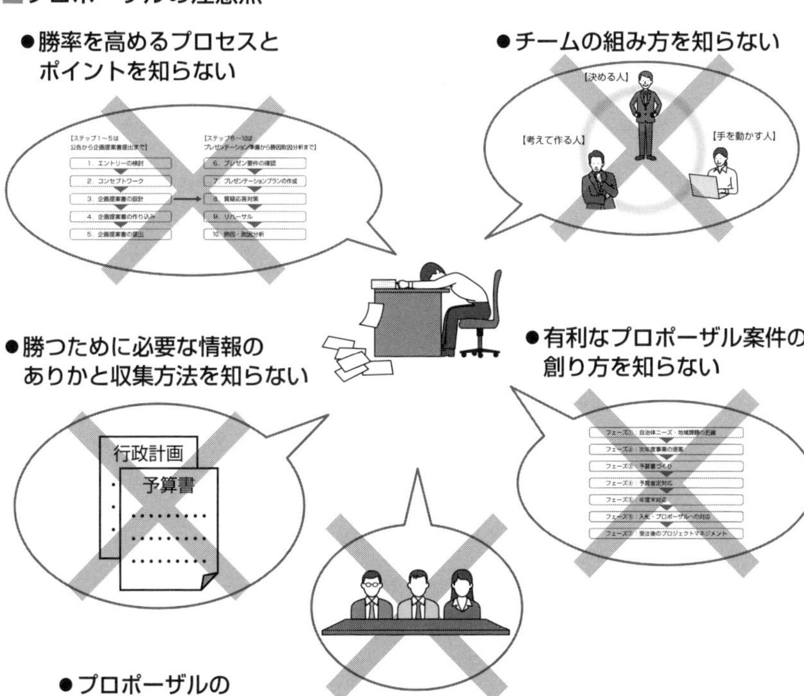

るプロセスとポイントがあることを知らないから。最も意識すべき要点といってもよいでしょう。担当者個人の時間がないゆえに、目の前の案件をがむしゃらに取り組むケースがこれに当たります。勝つためには外せない準備プロセスとポイントがあることを知らないと、いつまでたっても出口の見えない戦いに疲弊してしまいます。

② 勝つために必要なチームを組んでいない

プロポーザルは企画提案書の準備からプレゼンテーションまでチームで戦うことが基本です。評価されるのが提案の内容だけではなく、組織としての体制も問われることが一番の理由です。また、チームを組むことで効率的に準備を進めることができます。

③ 自治体側のプロポーザル評価の仕組みを知らない

自治体プロポーザルはあくまでも公平性・公正性に基づく評価の仕組みが確立されています。評価を行う自治体側のメンバーは複数で、プロポーザルで提案が求められる事業領域とは関係のないメンバーもいます。そうした評価の仕組みを踏まえた戦略が、勝つためには不可欠です。

④ 必要な情報のありかと情報収集方法を知らない

どんなに素晴らしい企画提案書であっても、競合他社が自社のレベルを上回ると負けてしまうのがプロポーザル。他社がどんな戦略で来るかを全く意識せずに戦うのは、わざわざ死地に赴くようなもの。必要な情報のありかや収集方法を押さえるのが鉄則です。

⑤ 自社に有利なプロポーザル案件を創り出せていない

「この案件、うちの会社にもできそう！」と思ってプロポーザル実施要領をよく読むと、参加要件が厳しくてエントリーを諦めたり、仕様書の内容がよくわからなかったり、評価基準が自社に不利だったりすることは、プロポーザルに実際に参加された方であれば思い当たる節があるのではないでしょうか。

こうした案件の多くは、実は前年度からその案件を担当している民間企業によって、他社が戦いにくくなる「仕掛け」が仕込まれています。それでも「うちの会社、この案件なら内容的に得意だしできるよね」と挑んで、負けてしまうのがよくあるパターン。

「できる案件」ではなく「勝てる案件」を選ぶのが、また、「勝てる案件」を創るのが、楽に勝ち続け勝率を高めるためには必要な発想です。

この５つの原因のすべてに共通しているのは、単に「知らない」だけということ。逆に言うと、これら５つの原因を「知る」だけで、プロポーザルの負けパターンから脱却する可能性が見えてきます。

5-4 勝率を高める戦い方のポイント

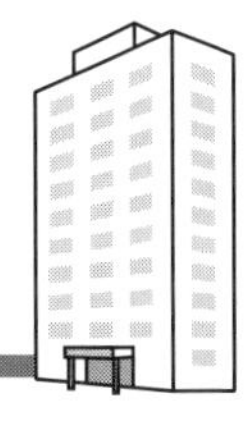

まずは、プロポーザルの勝率を高める戦い方のプロセスをざっくりと押さえましょう。

自治体がウェブサイトなどにプロポーザルの公募を公表してからプレゼンを実施し勝敗が決まるまで、以下のような10のステップで進めていきます。各ステップごとに押さえるべきポイントがあり、一つひとつ確実にクリアしながら進めていくと、勝つ確率を高めることができます。

それ以前にまず皆さんにお伝えしたいことは、「とにかく慌てない」ということ。プロポーザルは公告されてから企画提案書提出まで十分な時間が設けられていないケースがほとんど。通常３週間から１カ月程度、短い場合は企画提案書提出まで２週間もないことも。「時間がない！」と焦ってしまい、ついついいきなり企画提案書を書き始めてしまいがち。慌てず、ステップを踏んで提出期限までに準備を進めていきましょう。

プロポーザルの勝率を高める10のステップ

それぞれのステップと概要は次の通りです。

① エントリーの検討

「自社にできる案件」に突っ込んでいって負けるというパターンを回避するステップがこちら。できるかどうかではなく、自社にとって取り組む価値があるかどうか、勝てる可能性があるかをここで判断します。

② コンセプトワーク

10のステップで最も勝敗を左右するのが、このコンセプトワーク。コンセプトワークとは、いわば「他社ではなく自社が選ばれるべき理由を言語化するプロセス」。つまり、他社を制して一等賞をとるために「訴えるべきコンセプト」を導き出す作業そのものです。これが決まることで、初めて提案の切り口や企画提案書の章立ても決まってきます。

③ 企画提案書の設計

「自社が選ばれるべき理由」すなわち訴求ポイントが明確になったら、企画提案書の章立てを組み立てます。訴求ポイントを効果的に伝えるためにはどのような章立てが最適か、競合他社の強みや弱みを踏まえてシミュレーションして決めていきます。

④ 企画提案書の作り込み

章立てが決まったら、いよいよ本格的な企画提案書づくりに着手します。ここで問われるのは「書く」技術。何をどう書くか、自治体側の評価員に受け入れられやすい書き方に注意を払います。

⑤ 企画提案書の提出

実は、この提出の段階でゲームセットになってしまう会社が数多く存在します。企画提案書の提出で求められる、体裁や提出方法などの細かいルールが設けられています。どんなに優れた提案書でも、ルールを守らなければ受け付けてもらえません。盲点になりがちな提出段階の確認事項を確実にチェックします。

⑥ プレゼンテーションの要件の確認

ここから先は、プレゼンテーションがある場合のステップです。まずは、プレゼンテーションに求められる要件や確認しておきたい事項を明確にします。

■10のステップの概要

【ステップ1～5は公告から企画提案書提出まで】

1．エントリーの検討

2．コンセプトワーク

3．企画提案書の設計

4．企画提案書の作り込み

5．企画提案書の提出

【ステップ6～10はプレゼンテーション準備から勝敗因分析まで】

6．プレゼンテーションの要件の確認

7．プレゼンテーション戦略の明確化

8．ヒアリング対策

9．リハーサル

10．勝因・敗因分析

⑦ プレゼンテーション戦略の明確化

企画提案書の組み立てや競合を見据えたシミュレーションの結果を踏まえ、誰がどの部分をどのくらいの時間でプレゼンテーションするのか、戦略を立てプランをまとめます。

⑧ ヒアリング対策

プレゼンテーションにはほとんどの場合、自治体からのヒアリングの時間が設けられています。点数が僅差の場合、ヒアリングでの回答が勝敗を分けることもあります。何を聞かれるか予測し準備をしておきます。

⑨ リハーサル

優れた企画提案も訴求内容が伝わってこそ。伝わるかどうか確認するためにもリハーサルは重要な最後の仕上げといえます。限られた時間の中で効率的にプレゼンテーションを磨き上げていきましょう。

プレゼンテーション本番で大切なのは、プレゼンテーションテクニックではなく、他社よりも高い点数をとること。評価点が伸びやすいプレゼンテーションの本番でのポイントを押さえましょう。

⑩ 勝因・敗因分析

プロポーザルの結果が勝っても負けても、必ず振り返りをしましょう。

勝因と敗因を明確にし、次の案件に生かすことで、勝率を高めていくことができます。

5-5 プロポーザルに取り組む体制を作ろう

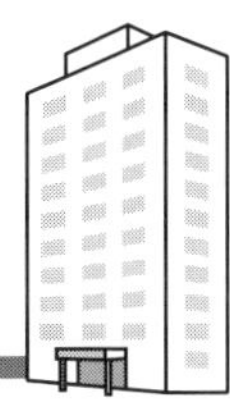

さて、この10のステップに取り組む前に前提として必要な準備があります。それは「体制を組む」こと。

プロポーザルは「提案者を評価する」もの。選ばれるための法人としての総合力が問われます。担当者が個人的に抱え込んで進めてしまうと、会社としての対応などの観点が抜けがち。発注先の自治体は、業務に入ってからだけではなく、選定段階での組織体制もしっかりと見ています。

ただ、「体制」というと、誰もが組織を編成し責任者を任命するなど、対応のハードルが高いイメージを持ちがちですが、そこまで大きなことをする必要はありません。

3人体制で「チーム」を組むのが理想的

おすすめなのは、既存業務と兼任での3人体制。「チーム」といったほうがしっくりくるかもしれません。その3人とは次のようなメンバーです。

① 決める人

「決める人」とは、意思決定する人。エントリーするかどうかや、ステップをこの先進めるかどうかを総合的に判断して決める役割を担います。

組織のあり方や規模によって異なりますが、この役割は人事組織の場合は部門長、支店長、課長が、機能組織の場合はプロジェクトリーダーなどが担当しています。

このようにすでに役割が決まっている会社は別として、これから役割

■３人体制が理想のチーム

分担を決めようという企業の場合は企画提案書を作る担当者の直接の上司の方や管理職の方が適任です。このくらいの小さなチームで最初は事足ります。

② 考えて作る人

こちらは、企画提案書作成担当者。要領や仕様書を読み込み、企画提案書作成に知恵を絞る、あるいは関係者の仕事を取りまとめる役割を担います。

多くの企業が「考えて作る人」だけに仕事を任せきりにしていますが、「決める人」と次に紹介する「手を動かす人」とコミュニケーションをとりながら、組織としての対応をアウトプットするような提案書づくりを進めます。

③ 手を動かす人

企画提案書で求められる記載内容やそのほかの提出資料には、知恵を絞らなくても作れる部分や準備できる資料があります。企画提案書の記載内容では業務実績、担当者経歴、工程表などが、そのほかの提出資料では参加申請書、会社概要、決算書類、業務実施体制などが、それに当たります。

企画提案書作成の担当者は、こうした自分がやならくてもいい部分を切り分け「手を動かす人」に振ってしまいましょう。この分野の経験が浅くてもできる領域ですので、アシスタント的な仕事をしている従業員が適任です。

チームとしてのゴールを共有する

まずはこの３人のチームを作り、チームとしてのゴールを共有します。ゴールは会社によってさまざま。「年度内にまずは初受注を上げる」「今期の売上高○○万円を達成する」など、明文化して共有するのがポイントです。

一般的には、この３人はほかの仕事と兼任しているケースがほとんどなので、ともすれば既存業務に引っ張られてしまうことも。だからこそ、ゴールを共有してコミットするという、最初のステップがとても大切なのです。

この「ゴールの共有」は誰の役割でしょうか。もちろん、「決める人」の役割です。リーダーシップを発揮して、プロポーザルという短期決戦のプロジェクトを牽引してください。

5-6 企画提案書の作り方　ステップ１ まずはエントリーするかどうか検討しよう

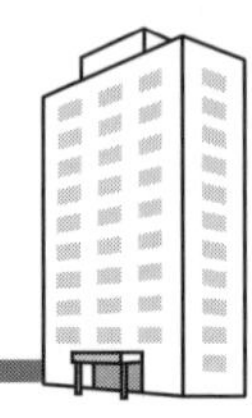

プロポーザルを戦うプロセスの最初のステップは「エントリーするかどうかの可否を決定する」ことです。「自社でできそうな案件で、かつ参加資格を満たしている」場合でも、提出までの期限に余裕がなくてすぐに企画提案書を書き始める——こんな戦い方をしていませんか。

結論から言うと、このやり方では勝率は決して高くなりません。理由は２つあります。まず１つ目の理由は、企画提案書の品質の問題。

企画提案書提出期限までに、提案にかかわるメンバーの時間的リソースやスケジュールの把握が曖昧なままだと、期限内にライバルを制するレベルの企画提案書に仕上がる保証がなくなります。

多くの場合、企画提案書作成担当者は自治体案件専任ではなく、民間企業を相手とした本来業務を持っている兼任です。そうすると企画提案書の検討は自分の本来の仕事を終えて夜になって帰社してからということになってしまいます。必要な作業にどのくらい時間を割けるかわからない状況で着手してしまうと、期限ギリギリで徹夜になることも……。これでは、企画提案書が漏れや抜けだらけになりかねず、勝つための提案書ではなく期限に間に合わせるための提案書になってしまいます。

もう１つの理由は、勝つ確率の見極めの問題。

プロポーザル案件は、前年度から継続している事業も少なくありません。その場合、前年度に業務を引き受けた民間企業が引き続き事業を請け負うことが多いために、その企業がやりやすい業務内容で案件が作られていることがあります。こうした案件では勝てる確率が高くないのは明白。それでも取り組まざるを得ない場合では、緻密な前年度企業対策が欠かせません。

ところが担当者は「自社にできる案件であるかどうか」だけで見極め、対策をせずに企画提案書提出まで突っ走り、結果は敗退。時間と労力をかけて取り組んだ企画提案書作成が徒労に終わってしまうのです。

「戦う価値があるか」「勝てる見込みがあるか」を見極めるためには、次の5つの要素を検討しましょう。

1 参入障壁の有無

「参入障壁」とは、前年度企業が今年度も仕事を取りやすくするために仕掛けた条件のこと。ライバル企業が不利になったりやりにくくなるルールが設けられています。具体的には、以下のような障壁です。

- **参加資格障壁**
  案件に参加する条件に実績件数、本社所在地などの制約が設けてある

- **業務内容障壁**
  仕様書の記述に、特定の技術やノウハウがないと実施できないことが盛り込んである

- **評価基準障壁**
  評価基準の配点や評価項目の内容が、他社の実績や強みに対して有利になっている

- **準備期間障壁**
  公告から企画提案書提出までの期間が極端に短い

- **予算規模障壁**
  他社が業務内容を見積もると、大幅に予算をオーバーし赤字になる

■参加障壁の種類

参加資格障壁…自社あるいは自社含め数社しか参加できないような参加資格要件を設ける

- 本社・本店の所在地
- 自社保有資格
- 担当者・技術者の保有資格
- 自社製品・サービスの特許
- 類似業務の実績数　など

これらの組み合わせに「年数」「数量」を縛りとしてかける

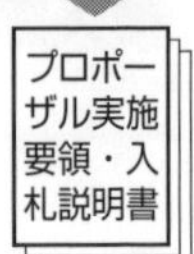

業務内容障壁…自社あるいは自社含め数社しか実施できない技術的要素を業務内容（仕様）に盛り込む

- 独自の技術
- 他社に模倣・理解できない製品仕様
- 他社が保有していない調達・流通ルート
- 自社製品・サービスの特許・公的認証に基づく仕様　など

これらの組み合わせを縛りとしてかける

評価基準障壁…プロポーザルにおいて他社より自社が高い評価を獲得できる評価基準の配点構成とする

- 他社より類似業務の実績が多い
- 他社にない独創性がある
- 他社より安定的な事業運営ができる体制を組める
- 他社が把握していない発注自治体の事情を理解している　など

これらの組み合わせを縛りとしてかける

準備期間障壁…プロポーザル・入札公告から企画提案書提出・応札までの期間を短期間に設定する

- 他社が準備に間に合わないような、あるいは準備が難しい提出物を盛り込む
- 他社が時間をかけて調べないと企画提案書を書けないような記載項目を盛り込む
- 応札までの期間を他社が精度の高い積算に間に合わない短期間に設定するなど

これらの組み合わせを縛りとしてかける

予算規模障壁…他社が実施不可能な価格で見積書を提出する

- 他社ができないような低価格で見積もりを作成する
- 他社が積算すると大幅に予算オーバーとなる積算項目を設定する　など

これらのどちらかを縛りとしてかける

前年度の営業活動で自社が仕掛けてある案件なら当然エントリーすべきですが、逆に仕掛けられている側であれば、仕掛けの種類やハードルの高さを見極めて、勝ち目がありそうかどうかを判断しましょう。

2 企画提案書作成におけるメンバーの時間的リソース

提出までの限られた時間の中で企画提案書を勝ち目のあるレベルに仕上げられるかどうかは、作成にかかわるメンバーがどのくらいの時間を割けるかでほぼ決まります。

まずは時間を割けるか、割けるとしたらどのくらいかを出し合い判断します。「徹夜すればなんとかなる」という考えは捨てましょう。

プロポーザルには、企画提案書提出までの短期のプロジェクトマネジメントが必要です。期限内に必要な時間的リソースを確保できるかどうか、各自の提出までのスケジュールを組めるかを検討し、エントリーの可否の判断材料とします。

3 外注先とのコミュニケーション

仕様書の一部分に、自社が対応できない、あるいは自社が弱い部分があるとき、「やりくりすればなんとかなりそう」と考えがちです。

この発想は「ライバル企業を制する」という感覚が欠落しているうえに、提案書作成がゴールになっています。こうしたときは、その部分の外部委託を必ず検討し、実施の可否と概算見積もりを打診します。

もし、「外注すると利益が圧迫されるので社内でなんとか対応したい」と考える場合、その案件にはエントリーしないのが得策。弱みへの対応をせずに戦地に赴いて勝てるほどプロポーザルは甘くありません。

なお、公告されてから慌てて外注先を探してもうまくいかないものです。日頃から自社の弱みをフォローアップできるソリューションを持つ「組める」企業と関係を構築しておくことも重要です。

■勝ち目のある案件か判断しよう

この案件、参加資格あるな
ウチにもできそうじゃん！
とにかくエントリー
期限は明日！間に合うか？
徹夜して
負けた…
力尽きた…

競合他社の情報収集は？
外注からの見積間に合う？
提出までの時間的リソースは？
コストは見合うのか？
参入障壁の程度は？
総合的に判断してエントリー
役割分担しながら企画提案書づくり
余裕を持って提出して
勝った！

4 必要な情報収集に要する時間

プロポーザルは情報戦です。自治体がその案件に取り組むことでどんな社会課題の解決を狙っているのか、また競合他社がどんな強みを有しているのか、限られた時間の中で情報を集めて企画提案書の方向性を決めなければなりません。その情報収集に要する時間があるかどうかもエントリー検討の要素になります。

自社をターゲットとする自治体の事業領域にどんなライバル会社がいるか、過去どのような案件にエントリーしているのか、どんな提案書を提出しているのか、ライバルが出した見積もり金額は自治体がその仕事のために確保した予算額に対して何%なのか。情報収集は時間をかければかけただけの精度が得られるもの。日頃から怠らずに取り組みましょう。

5 コストの試算

自治体から提示された仕様書に基づき、全体の見積額と粗利を概算で弾きます。ここはまさしく価格戦略に該当する要素。利益が確保できるかどうかは企業としてエントリーするかどうかの判断材料です。

一方で、実績が重視される自治体市場では「最初の一点突破」のために赤字覚悟でとりに行くのも戦略としてあり得ること。利益をとるか、実績をとるか。これも企業としての判断となります。

＊＊＊

これら５つの要素に基づき、「勝ち目があるか」「取り組む価値があるか」を判断するのは、ずばり「決める人」。担当者は数字を上げたいため、勝ち目が低い案件でもやみくもにトライしがち。エントリーの検討は、会社としての客観的な判断として、上司が下すのがベストなのです。

「数打ちゃ当たる」が通じないのがプロポーザルの世界。検討の結果勝率の低そうな案件は、たとえ自社が「できる」案件であっても迷わず捨てる判断をすべきです。「勝率の高い案件を見極めて腰を据えて取り組む」ほうが、結果的に受注できる確率は上がっていきます。

以降のステップでも共通しているのが、次のステップに進むかどうかをこのように「決める人」が判断すること。各ステップのやるべきことが終わった段階で、「このまま進めても大丈夫か？」と意思決定していくことになります。

5-7 企画提案書の作り方　ステップ2 コンセプトワークは最も重要なプロセス

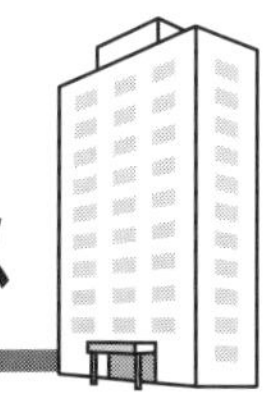

企画提案書作成のノウハウ本がありますが、例外なく書いてあるのが「コンセプトを明確にせよ」——これは、自治体プロポーザルの企画提案書も例外ではありません。コンセプトを明確にし、具体的な形にしていくことを、「コンセプトワーク」といいます。

ただ自治体プロポーザルの企画提案書では一般的な民間ビジネスの企画書提案書のコンセプトワークと決定的に異なる視点があります。それは「必ず競合他社がいる」ということです。

自治体プロポーザルは、公平性・公正性を確保するため、複数の民間企業・団体の中から一等賞を選ぶ手続き。プロポーザルにはほとんどの場合、ライバルが複数社いるのです。

「クライアントのニーズを満たすために、自社の強み、ノウハウやリソースをどう適用するか考え、コンセプトをまとめる」——もちろん、これは間違いではないのですが、忘れてはならないのは「ライバルも同じことをやっている」ということ。

どんなに自治体のニーズを満たす優れた提案書を作っても、ライバルがそれを上回ってしまったら勝つことはできないのです。では、並み居るライバルを制して自社を選んでもらうためには、どんなコンセプトを掲げればいいのでしょうか？

それは「他社でなく、自社が選ばれるべき理由」を導き出すこと。これを簡潔に文書化したものが、自治体プロポーザルで掲げるべきコンセプトとなります。このコンセプトが決まらないと、ライバルを制するための提案の内容や力点の置きどころ、企画提案書の構成、プレゼンテーションに参加するメンバーなどを決めることができません。

自治体プロポーザルのコンセプトは、次の３つのプロセスで導き出すとよいでしょう。

1 情報を集める

競合他社が自治体ニーズを満たそうと提案してくる内容を上回るためには、「自治体が求めていること」と「自治体ニーズに対する競合他社の強み・弱み」の２点の情報を収集する必要があります。

① 自治体が求めていること

プロポーザル案件の背景には、必ず自治体として解決したい課題や、目指すべき方向性があります。そうした課題や方向性に対して、民間企業の製品やサービスがどのように役立つのか、それによって地域にどのような恩恵がもたらされるのか。これが自治体側の関心事です。

自治体が課題として感じていることや方向性を把握するためには、そのプロポーザルに予算がつけられた背景や目的が示されている「行政計画」を当たってみましょう。

行政計画とは、民間企業ですと中長期経営計画に該当する計画書。大きな方向性を示したものから各課で管理する具体的な分野別のものまで体系化されており、以下のようなものがあります。

- **基本構想**……長期的にどのようなまちの姿を目指していくのかを明文化したもの
- **総合計画**……基本構想を実現するために、どのように自治体運営やまちづくりを進めていくのか取りまとめたもの
- **個別計画**……総合計画の方向性を踏まえ、個別の分野で具体的に何をどんなスケジュール感で進めるかをまとめたもの

そもそもプロポーザル案件は、これらの行政計画に位置付けられている事業や取り組みを計画の実現のために予算化し、その予算枠の中で事

■地方自治体の行政計画体系

●行政計画とは……短期・中期・長期的な自治体運営方策を示した計画書

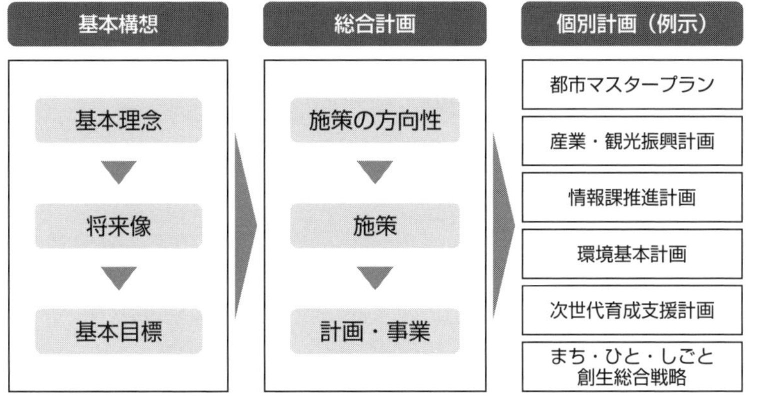

業や取り組みを一緒に行う民間企業が決められます。ということは、行政計画に当たればプロポーザル案件で自治体が民間企業に求めていることや、その背景や課題が詳しくわかるというわけです。

特に、行政計画には具体的なKPI（Key Performance Indicator：重要業績評価指標＝目標を達成するための業績評価の指標）が示されているものも多く、こうしたKPIは自治体へどのような価値提供ができるか検討する際にも役立ちます。

なお、行政計画一つひとつはページ数が多く、200ページを超えるものも珍しくありません。そこで各自治体は地域住民に親しんでもらうため、それぞれの行政計画の「概要版」を出していることもあります。ほとんどの場合、概要版は自治体公式ウェブサイトからダウンロードできますので、本編を読み込む時間がない場合は概要版で方向性を掴むのも一つの方法です。

② 自治体ニーズに対する競合他社の強み・弱み

競合他社の強み・弱みを知ることは、自社でなければならない理由を導き出すためには欠かせません。ライバル会社がどんな案件に取り組ん

■自社の強みを生かした分野を見つける

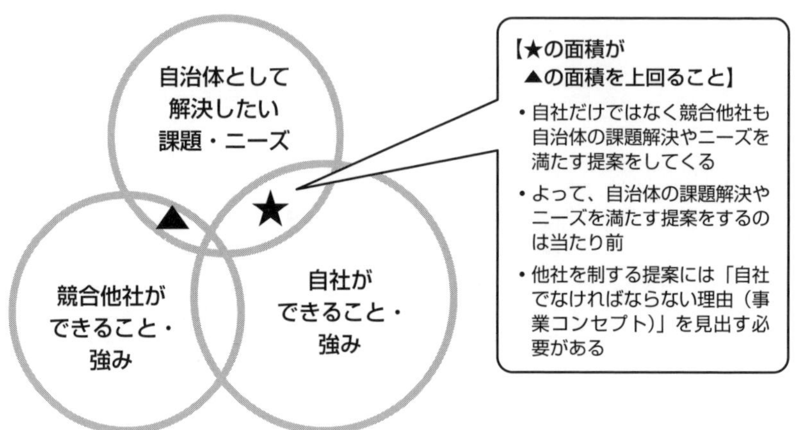

でいるのか、どんな提案内容をしているのかなどをネット情報やメディア記事検索サービスなどで調べます。また、日頃から情報開示請求をかけるなどの方法も有効です。

情報開示請求とは、国民の「知る権利」を行使するための手続き。どの自治体にも情報開示請求の窓口は必ず設けられています。自治体の公式ウェブサイトにも請求を受け付けるページがありますので、お目当ての自治体の請求手続きに従ってください。

多くの場合、請求そのものはA4サイズ１枚の申請用紙を提出するだけですが、注意しなければならないのは申請してから情報を入手できるまでの時間。長い場合は２カ月以上かかることも。普段から調べておきましょう。他社の強みと弱みの情報は表形式などにしてまとめて、いつでも共有できるようにしておきましょう。

さて、ここで問題になるのが「どれだけの数のライバル会社を調べればいいのか」という点。ここ最近ではプロポーザルが指名形式から公募形式にシフトしてきている傾向があり、エントリーする企業は５社を超えることは当たり前。多い場合は15社を超えることも珍しくありません。

そんな数の会社を、それもプロポーザルが公告されてから企画提案書を提出するまでに調べ上げるのは、たとえ自治体プロポーザルに手慣れた会社であっても無理というものです。

打開策は「類型化」。10社だろうが20社だろうが、選ばれる会社は1社だけ。金メダルを狙おうと思ったら、強みを発揮してくる会社の属性を、例えば「大手企業」「地元企業」「前年度受託企業」などのようにいくつかに類型化し対策を検討します。こうすればどんなに多くの企業がエントリーしても強みや弱みの仮説の精度が落ちることはありません。

類型化には事業領域に応じたさまざまなパターンがあり、それぞれに強みと弱みがあります。自社が自治体の課題に対して、強みが発揮できる領域がどこか、整理して見極めていきましょう。

2 コンセプトを検討する

類型化したライバルの強みと弱みを明らかにしたら、どこで勝負するのかコンセプトを検討します。例えば、ライバルが実績に強みがある場合は「豊富な実績と知見で中長期的に安定的な事業運営」というようなコンセプトでは勝てません。一方、ライバルが地域の情報をよく把握していないという弱みに対し、自社は地元のことを熟知している場合は「地域密着型支援」というコンセプトが威力を発揮します。

ただし、ライバル類型は複数ありますので、全方位での強みを導き出すことを念頭において検討します。こうして見出した「他社ではなく自社が選ばれるべき理由」こそが、他社を制する企画提案書のコンセプトの候補となります。

3 勝てるかどうかシミュレーションする

最後のプロセスはシミュレーションです。プロポーザルには評価項目と評価点が設定されています。案件によって内容はさまざまですが、業務実施方針、企画の内容、業務実績、業務実施体制、見積額の5つは、

■勝てるかどうかシミュレーションする

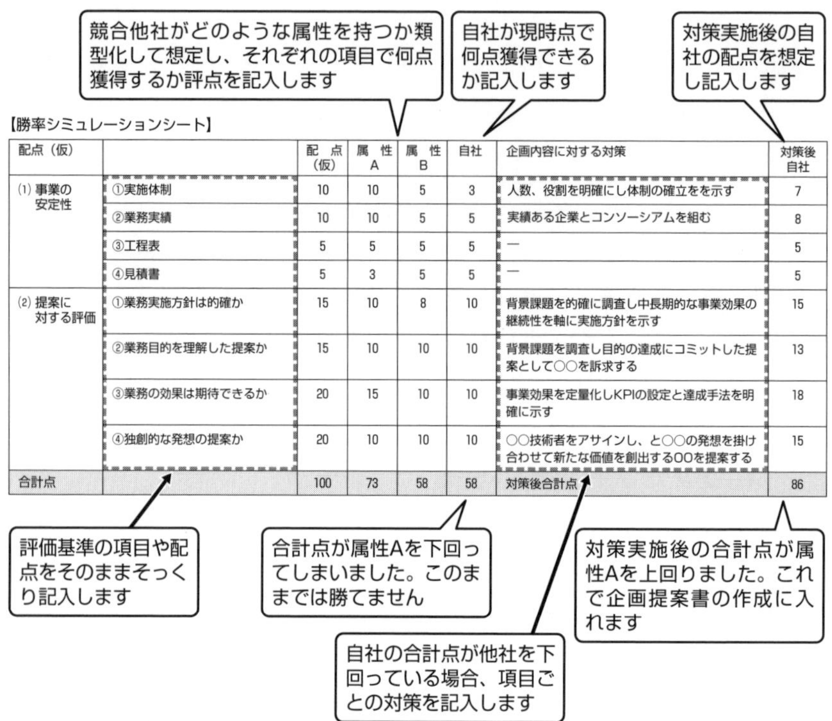

【勝率シミュレーションシート】

配点（仮）		配点（仮）	属性A	属性B	自社	企画内容に対する対策	対策後自社
(1) 事業の安定性	①実施体制	10	10	5	3	人数、役割を明確にし体制の確立をを示す	7
	②業務実績	10	10	5	5	実績ある企業とコンソーシアムを組む	8
	③工程表	5	5	5	5	—	5
	④見積書	5	3	5	5	—	5
(2) 提案に対する評価	①業務実施方針は的確か	15	10	8	10	背景課題を的確に調査し中長期的な事業効果の継続性を軸に実施方針を示す	15
	②業務目的を理解した提案か	15	10	10	10	背景課題を調査し目的の達成にコミットした提案として○○を訴求する	13
	③業務の効果は期待できるか	20	15	10	10	事業効果を定量化しKPIの設定と達成手法を明確に示す	18
	④独創的な発想の提案か	20	10	10	10	○○技術者をアサインし、と○○の発想を掛け合わせて新たな価値を創出する00を提案する	15
合計点		100	73	58	58	対策後合計点	86

ほとんどの場合に共通して入っています。そして、類型化したライバル各社と自社がどの項目で上回るか予測し、自社のコンセプトで提案して勝てるかどうか予測するシミュレーションを行います。

「勝率シミュレーション」と呼ぶこの作業は、プロポーザルの勝率を高めるためには絶対に欠かせないプロセスです。プレゼンテーションがある場合は、勝率シミュレーションの結果次第でプレゼンテーションの戦略・戦術が大きく変わります。しっかり仮説を立てて予測しましょう。

シミュレーションの結果、トップをとれると確信できる提案内容が導き出せれば、設定したコンセプト、すなわち「自社でなければならない理由」で戦えるという判断となります。

5-8 企画提案書の作り方　ステップ3 企画提案書の章立てを組み立てよう

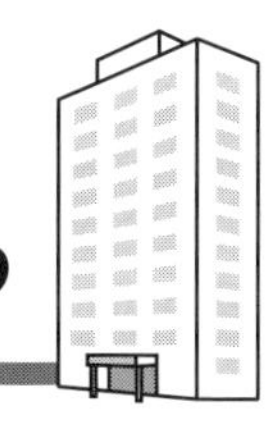

コンセプトが決まったら、いよいよ企画提案書の章立ての構成です。「目次案を作る」と言ったほうがわかりやすいかもしれません。

ケース別の章立ての仕方

章立ては、次の3つのケース別に組み立てましょう。

① 実施要領に章立てが指定されているケース

章立てが指定されている場合は指定ルールに忠実に従います。特に大切なのは、実施要領で章立てとして指定されている文言を、そのまま章立ての見出しに使うことです。

評価員が企画提案書を確認したいときに容易に検索でき、しっかり評価してもらえます。

② 実施要領に章立てが指定されていないケース

実施要領で章立てが指定されていない場合は、評価項目の順番に、また評価項目のフレーズをそのまま使って章立てを構成するのが基本です。

評価員は手元に用意されている評価基準表の順番に企画提案書に点数をつけていきます。この評価表は、ほとんどの場合、プロポーザル実施要領に示されている評価項目と構成や順番が同じです。

企画提案書の中で評価項目に該当する部分を探すため、ページを行きつ戻りつめくっても評価すべき記述がどこにあるのか曖昧な場合、残念なことに点数は伸び悩んでしまいます。

■企画提案書の章立ての仕方

●実施要領に章立てが指定されている

実施要領で指定された通りに章立てを組む

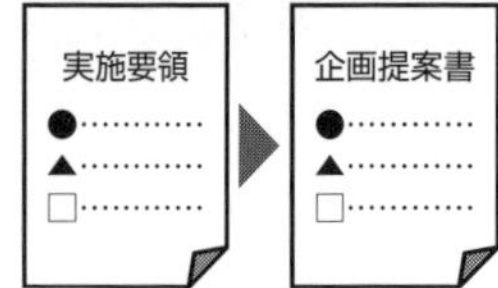

●実施要領に章立てが指定されていない

評価基準表の順番通りに章立てを組む

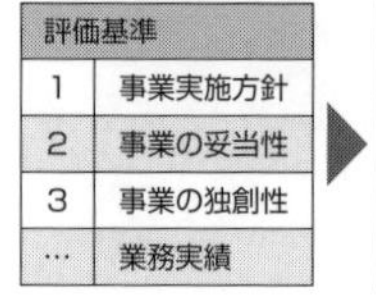

評価基準	
1	事業実施方針
2	事業の妥当性
3	事業の独創性
…	業務実績

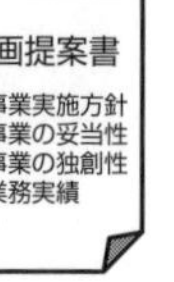

●実施要領に章立ての指定がなく、評価項目も曖昧

仕様書の項目通りに章立てを組む

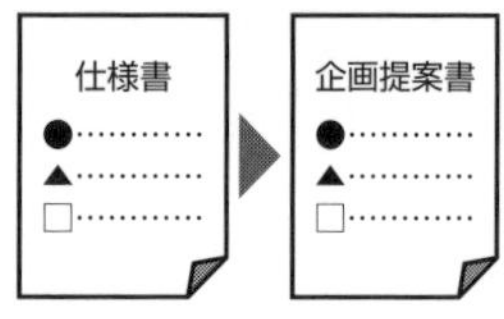

③ 章立てが指定されておらず、かつ評価項目も曖昧なケース

このケースでは、原則として仕様書で定められている実施事項に沿って章立てを組み立てます。

ここで大切なのはコンセプトの訴求。まず企画提案書の冒頭に「なぜ自社でなければならないのか」というコンセプトを導き出すロジックやストーリーを１枚にまとめたページを入れておくと、評価員は一目でその会社の優位性を理解できます。少し上級ワザですが、評価員がつける評価点が心理的に高くなるように仕掛けられるというわけです。

この「自社でなければならない理由」を１枚にまとめたページは「コンセプトストーリー」「エグゼクティブサマリー」などとも呼ばれています。

章を組み立てる際の注意点

パターンを見極めたら、次は章立てを決めます。

時間的に余裕があれば、それぞれの章に求められている評価項目、提案概要、勝率シミュレーションで検討した点数を上回るために書かなければいけない事項はなんなのかを書き出しておくとよいでしょう。

また、分担して作成する場合は、章立てごとの担当者が一覧して把握できる「企画提案書構成一覧表」を作ると、あとの振り返りや提出前のチェックに役立ちます。

さて、負けるタイプの企画提案書の構成事例も紹介しましょう。例えば、大手企業との取引実績や、自社のソリューションの素晴らしさを示す自社アピールが、企画提案書の最初にかなりのページを割いて書かれているパターンです。

民間企業同士の企画提案書では珍しくない、こうした企画提案書の構成ですが、なぜ自治体プロポーザルでは勝てないのでしょうか？

それは自治体プロポーザルが「点数競技」であるからです。評価員は限られた時間の中で企画提案書を評価項目に基づき評価します。

企画提案書の冒頭から評価項目に関係のないPRが延々と続くのは、初対面の相手に対して自己紹介を延々と続けるのと同じことです。

自分本位な会社で地域課題と真剣に向き合っていない、組むのにふさわしくない相手と判断されてしまいます。

これは、ちょっと領域が違うたとえですが、男性の婚活に少し似ています。

初対面の女性に対して「僕はベンチャー企業に勤めていて年収○百万円で……」「僕はこんなに高学歴。すごいでしょ」「２台目のポルシェをこの前買ってさあ」「六本木の三ツ星レストランで何回も食事して、この前タレントの○○が隣に座ってたよ」「○○という有名人、僕はよく知っててさあ」（ここで有名人とのツーショットの写真を見せる）――などなど。

自分のこと、とりわけ自慢話ばかり一方的に話す男性が、果たして女性のハートを射止めることができるでしょうか。

リッチな生活を望む女性なら「すごーい！」となるのでしょうが、信頼関係もできていないうちにこうしたアピールをされても、ほとんどの女性が引いてしまうでしょう。

一方で、「君はいまこんなことで困っているみたいだけど大丈夫？」「そういう悩みなら、こうやって一緒に解決していこうよ。そうしたら、きっとこうなれるよ」「一緒に歩んでいこう！」という姿勢の男性だったらどうでしょうか。

女性としては「何て素晴らしい人に出会えたんだろう」「パートナーとして一緒にやっていきたい」と気持ちが揺さぶられるに違いありません。

プロポーザルも、これと全く一緒なのです。

5-9 企画提案書の作り方　ステップ４ さあ、企画提案書を書き始めよう

いままでご紹介してきたステップ１（5-6）からステップ３（5-8）をクリアして、初めて企画提案書の作成に着手することができます。慌てて書き始めるとライバルに勝てる企画提案書を仕上げるのが難しいということは十分ご理解いただけたのではないでしょうか。

とはいえ、公告されてから企画提案書提出まで、時間的余裕がないのも事実。ステップ１からステップ３まで、どのくらいの時間を割けばいいのでしょうか。決まった答えはありませんが、公告から提出までの所要時間全体のうち10%～15%程度を目安としてください。その間は焦らずにじっくりと資料の読み込みやコンセプトワークの明確化に集中しましょう。

さて、あとは企画提案書を書いて仕上げるステップですが、ここで考慮しなければいけないのは「ワーディング」。ワーディングとは、伝えたいことを文章で表現する技術をいいます。特に自治体は文章表現でコミュニケーションをとる文化があり、文章で自社の優位性や提供できる価値を表現するのが基本です。

自治体プロポーザルのワーディングで押さえておきたい代表的なポイントを７つ紹介しましょう。

1 評価基準への答えを言い切る形で文章を書く

プロポーザルの評価基準は、複数の評価項目が一文に入っていることが少なくありません。

例えば「業務の目的を理解し、当市の現状を分析し課題を抽出できること」という評価項目があったとします。１つの評価基準に思えますが、

「業務の目的を理解していること」「当市の現状を分析できること」「当市の課題を抽出できること」という３つの項目の評価項目が含まれています。ということは、この３つ各々に求められていることに対する答えを言い切る形で提示し、書く必要があります。

「業務の目的は○○の計画上の位置付けに基づき、○○であると考えます」「貴市の現状は○○と○○をデータとして活用し、○○の手法で分析します」「その結果、導き出した課題は、○○の視点で明確にし、○○につなげます」といった具合です。

よくある負けパターンは、このあたりの評価基準の文章をよく読まずにざっくりと答えてしまい、３つ回答を用意すべきところが２つになったり１つになったりするなどの漏れ抜けがあること。

これを防ぐためには、222〜223ページで作ることを推奨した「企画提案書構成一覧表」に、評価項目を分解して明記しておくと漏れや抜けがなくなります。

２ 訴求ポイントは図だけではなく文章で書く

民間企業向けの企画提案書では、セオリーとして、「なるべく文章ではなく一目でわかる図で表現すること」と言われます。

自治体プロポーザルの場合は全く逆。あくまでも公平性・公正性に基づく評価なので、見た感じがわかりやすい・わかりにくい、などのような、恣意的な評価に頼る企画提案書では、どの程度点数が取れるか見通しがつきません。

もちろん図はあったほうがいいのですが、図だけではなく、その図でどんな優位性を表現しているのか、その結果、課題解決にどんな価値がもたらされるのかを、文章でしっかり書くようにしましょう。

3 ネガティブな表現はポジティブな表現に書き換える

例えば「このまま商店街にあるシャッター街を放置すると、地域を訪問する観光客に悪い印象を与えます」という記述があったとします。

自治体の企画提案書は、自治体内部であらゆる立場の人の目に触れる可能性があります。

例えば、評価員がかかわっている地域課題が「商店街の活性化」だったらどうでしょう。たとえそれが事実であっても、ネガティブな表現をされていると「地域の商店街ことを何も知らない民間企業に言われる筋合いはない」と感じ、評価に影響を及ぼしてしまう可能性があります。

ネガティブな表現は多くの場合、過去もしくは現在の状況です。それを未来系のポジティブな表現に書き換えてみましょう。例えば、先ほどのシャッター街の場合、次のようにポジティブな表現に書き換えると、同じことを提案するのでも印象がガラリと変わると思いませんか。

「商店街にあるシャッター街を活性化させることは、地域を訪問する観光客に好印象を与える好機となるでしょう」

4 いままでの施策や取り組みを貶めることは書かない

自治体の施策や事業には、予算が投じられており、その予算は議会をはじめとする多くのステークホルダーが認めたものです。いままでの施策に効果がなかったからといって、その取り組みを一方的に「駄目だった」と貶めることは書かないようにしましょう。ただし、客観的なデータを事実として掲載する分には構いません。

もし、どうしても訴求するポイントの都合で書く必要がある場合は「いままで３年間取り組んできた○○施策は一定の成果を得るに至りました。今年度からはその成果を踏まえ、新たなフェーズに入る時期と考えます」などのように、「いままでに出た結果を尊重したうえで次に進みますよ」

といった論旨の展開とするとよいでしょう。

5 差別用語や不適切な表現は使わない

差別用語や男女平等に反する表現の使用は、地方自治体のプロポーザルでは評価を落とします。気をつけるようにしましょう。

文章上の表現だけではなく、提案内容も同様であることは言うまでもありません。

6 安定的に事業運営できる理由を書く

業務実施体制については、自治体側から担当者の実績数・実務年数・手持ち案件数・保有資格などの記載要件が示されていることがほとんどです。以下で紹介する３つの理由は、記載要件に限らず自主的に書くと点数が伸びやすい項目です。ページの制約が許す限り記載しましょう。

① 指示命令系統

業務実施体制には、扱う情報を誰が誰に共有するのか、指示命令系統がわかるように示します。自治体にとっては何かあったときに速やかに情報共有できる体制は頼もしいもの。少なくとも連絡窓口が誰で、どのような情報共有をするのかについて書いておきましょう。

特に注意したいのが、外部の専門家や別法人とコンソーシアム（共同事業体）を組むときの体制です。ここは情報漏洩などのリスクも含めて自治体が心配するポイントなので、誰がどのように外部に対して連絡および調整するのか、わかるように書きましょう。

② 役割分担

業務実施体制として、例えば統括責任者を設置し、その下に業務実施責任者がいて……というような、ツリー図を書くことが多いのではない

■企画提案書の書き方のコツ

① 基準への答えを言い切る

評価基準：当市の地域特性を理解していること

× 弊社は、貴市の地域特性を理解したうえで○○に取り組みます。

○ 弊社は、貴市の特性を○○であると理解しています。よって、その○○を生かした取り組みとして、○○をご提案いたします。

② 図の解説は箇条書きでなく文章で

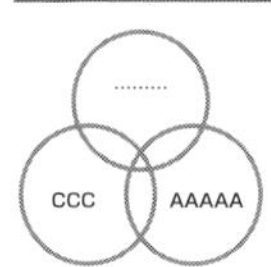

- 高い技術と知識の融合
- 地域住民を巻き込む仕掛け

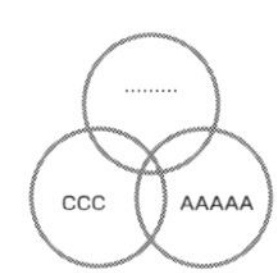

- 高い技術と知識を融合することで、貴市が目指す○○を早期に達成します。
- 地域住民を巻き込む仕掛けとして○○を開催し、地元での継続性を高めます。

③ ネガティブ表現はポジティブ表現へ
④ いままでの取り組みを貶めない

× 前年度までの○○の取り組みは、目標を達成できず効果がありませんでした。今年度は新たな視点で○○を提案します。

○ 前年度までの取り組みをさらに拡充するため、今年度は○○を提案します。

⑤ 差別用語・不適切な表現はNG

×	○
×片手落ち	○不公平
×足切り	○2段階選抜方式
×障害者	○障がい者
×日本のチベット	○高山地帯
×不治の病	○ 難病
×ブラインドタッチ	○タッチタイピング
×四つ辻	○ 十字路

⑥ 安定的に運営できる理由を明確に

指示命令系統

リスクと対応策

評価基準	
責任者	……
担当者	……
アシスト	……

役割分担

⑦ 技術的特徴を書く

業務実績	
年度	2019年○月～○月
案件名	○○に係る業務委託
発注団体	○○市観光振興課
技術的特徴	滞在型観光客数増加のために地元民宿と協力し○○に取り組んだ。 その結果、地域に宿泊するリピーターを短期間で○○人増やすことに結びつき、滞在型観光客数の増加に貢献した。

でしょうか。

その際に欠かせないのは、それぞれの担当者が業務のどの範囲を受け持つか、役割分担を明確に示すことです。組むのにふさわしい「提案者を評価する」側にとって、役割が明確であることは、体制がしっかりしていることを確認する、大きな要素となります。

③ リスクと対応策

自治体は住民から預かった税で運営されている組織であるため、極端にリスクを嫌う傾向があります。しかし、どんなに優れた提案であっても大なり小なりリスクはつきもの。そのリスクを伝えることなく、よいことばかりを訴える企画提案書は、逆に不安や不信感を与えてしまう場合もあります。

こうした場合に有効なのは、こちらから提案内容のリスクを明示し、そのリスクに対しての対応策を明記すること。事業運営を任される側としての信頼を獲得するのに役立ちます。

7 業務実績には「技術的特徴」を書く

業務実績への記載が求められるのは、類似業務の発注団体、案件名、受託年度、業務概要――そんなところではないでしょうか。ここでもう一手間を追加して、もしすでにほかの自治体との取引の実績があれば、「技術的特徴」を追記してみましょう。

技術的特徴とは「その事業を受託したことによって地域にどのような価値がもたらされたのか」ということです。

自治体が知りたいのは、「いつ、どんな自治体から同じような案件を受託したか」という事実だけではなく、「この会社に頼んだらきちんと仕事をしてくれるのだろうか」というところもあります。受託した事実プラス、その業務でどんな成果を上げたのかを情報として加えれば、業務実績の獲得点数が伸びていきます。

5-10 企画提案書の作り方　ステップ5 提出段階でミスをしない

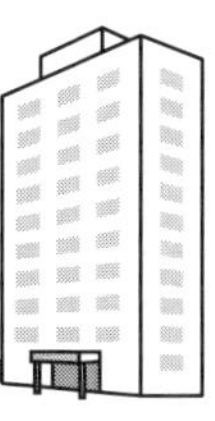

企画提案書が仕上がったところで、いよいよ最後の詰めの提出物の準備。企画提案書だけではなく、そのほか指定された書類もまとめて提出します。

信じられないような話ですが、ここでうっかりミスをして提案書を受け付けてもらえないことが、エントリーした企業の中からしばしば出てきます。よくあるうっかりミスのベスト３は「提出方法を間違える」「提出物のルールを守れていない」「提出に間に合わない」です。それぞれのミスの原因を見てみましょう。

提出方法を間違える

企画提案書を含めたプロポーザルの書類の提出方法は、自治体によってまちまちです。多くの場合、郵送もしくは持参、その両方かのどれかです。

厄介なのが郵送のルール。宅急便不可、書留のみ可、○月○日の消印有効など、自治体によってまちまち。以前エントリーした自治体と同じルールだろうと思い込んで間違えてしまうことがあります。

提出物のルールを守れていない

よく間違えるのが「正本」と「副本」の部数や体裁の違い。正本とは１部だけ提出する企画提案書の正式な原本のこと。正本は提出後、正式な公文書扱いになります。副本は原本のコピーを指します。

正本と副本とで製本ルールが異なることも。自治体側は企画提案書を受け付けてからこうした体裁や部数をチェックし、不備があった場合は再提出が許される場合もありますが、すべての自治体がそうしてくれるわけではありません。

また、提出物ルールでよくあるミスが押印漏れ。

プロポーザルの参加申し込み書や、ときには企画提案書の表紙に法人印、それも代表印の押印が求められていることがあります。民間ビジネスの企画提案書の場合、表紙に代表印を押すことなどあり得ません。

うっかり見落としていたものの提出間際で気づき、社長がいる本社に飛行機で飛んで印鑑をもらいに行く――冗談のようですが、こうした事態がときどき起こります。

提出に間に合わない

最悪なのが３つ目です。要領には提出期限が明記されていますので、よほどのことがない限り間に合わないということはありませんが、ごくたまに起こります。郵送の場合、特に冬場や台風シーズンは要注意。通常は翌日の午前中到着のはずが荒天で飛行機が飛ばない、積雪で空港に着陸できないなどのリスクに注意しましょう。

企画提案書の仕上がりが期限ギリギリになることはもちろん避けたいところ。カラーコピーが間に合わなくて提出を過ぎてしまったというケースも。提出当日に慌てて印刷している段階で、極めて危険な状況であると思ってください。

＊＊＊

これら３つのミスの再発防止策は、企画提案書の作成ステップに沿って、スケジュールを管理しながら余裕を持って仕上げることです。また提出前には、必ず関係のない部署の社員に手伝ってもらうなどして、客観的な視点でダブルチェックを実施しましょう。

5-11

侮ってはいけないプレゼンテーション　その1
プレゼンテーションの要件を確認しよう

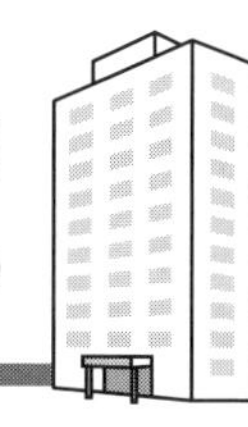

企画提案書を提出したら、いよいよプレゼンテーションの準備に入ります。

企画提案書の提出で一段落、あとはプレゼンテーションで企画提案書を説明するだけ、と気を抜いていませんか。

プロポーザルの最終的な勝敗は、実はプレゼンテーション次第ということを皆さんはご存知でしょうか。もちろん企画提案書がしっかり作り込まれているのは大前提ですが、企画提案書の出来栄えがライバル会社と僅差だった場合はどうでしょう。

また、評価メンバー（評価員）は一般的に自治体内部の課長級以上の管理職員であるケースが多く、日頃多忙な評価メンバーは事前に企画提案書に十分目を通す時間がないことも。そんなときは、プレゼンテーションの出来栄えが評価点を決定します。

プレゼンテーションを単に企画提案書を説明する場と思わず、最終的な勝敗を決める大切な局面と捉えてください。

プロポーザルにプレゼンテーションが設けられている場合、プロポーザル実施要領にプレゼンテーションのルールが明記されていることもありますが、後から出される通知で、プレゼンテーションの要件が初めてはっきりすることもあります。

いずれにせよ、規定されたルールに従うことはもちろんですが、ここでプレゼンテーションの準備に入る前に最低限確認しておくべき5つの事項を整理しておきましょう。

1 時間に関する要件

プレゼンテーションにはさまざまな時間的な制約があります。まず確認しておきたいのはプレゼンテーションとヒアリングの所要時間。例えばプレゼンテーションが20分、質疑応答に該当するヒアリングが10分というように、明確に所要時間が決められています。

ここで注意したいのが、指定された時間が強制終了なのかそうでないのか、準備や撤収の時間が含まれるかそうでないのかの２点を、必ず確認することです。

それによって実質的なプレゼンテーションの時間が左右され、また強制終了の場合は時間内に訴求ポイントをしっかりとプレゼンテーションできるようにリハーサルで仕上げておかなければなりません。

これらを確認することで、こちら側の準備に要する所要時間や準備のポイントが明確になります。

2 プレゼンテーションで使用可能なツール

プレゼンテーションで使うツールは自治体側から指定があります。パワーポイントでのプレゼンテーションのときもあれば、プロジェクターでのプレゼンテーションが禁止で、配布した企画提案書のみというルールの場合もあります。パワーポイントでのプレゼンテーションと、企画提案書のみのプレゼンテーションとでは、配慮すべき事項が異なります。ここはしっかりと確認しておきましょう。

また、パワーポイントや企画提案書のほかに、使うと効果的なツールもあります。例えばフリップ、試作品、動画、デモンストレーションプログラムなどで、これらは「補助ツール」と呼ばれています。

会場の場所によって、音を出せないなどの制約があることも考えられるので、こちらも事前に使用可能かどうかを確認しておきましょう。

3 プレゼンテーションに関する機材やインフラ

まず機材について。パワーポイントを使ったプレゼンテーションの場合、パソコンはこちらで用意するケースと、自治体側で用意したパソコンで実施するケースがあります。

こちらでパソコンを用意する場合、プロジェクターとの相性があるので事前に機種を確認しておきましょう。特に持ち込むパソコンがMacの場合、自治体側でコネクタの用意はまずありません。忘れずに接続端子などを持参するようにしましょう。

また、スピーカーなどを持ち込む場合も、動作環境や接続に関する条件などを担当者に確認しておきましょう。

一方、自治体側のパソコンを使う場合、事前にパワーポイントデータの提出を求められます。自治体は情報セキュリティのルールが厳しく、パソコンに外部から持ち込まれたUSBなどを接続できないことが理由です。パワーポイントのデータ提出には期限が設けられていますので、余裕を持って提出できるように準備しましょう。

次にインフラについてですが、これは機材以外の会場のロケーションに関する状況を指します。例えば会場の場所や広さ、評価員とプレゼンターの距離や机・椅子の配置などです。特に会場の様子などが事前にわかっていると、本番の感覚がイメージできます。

そのほか盲点なのが、プロジェクターとプレゼンの位置、電源がとれる場所の確認です。パソコンをこちらで用意する場合、プロジェクターとの距離によっては、本番で接続ケーブルが届かないという事態に見舞われることもあります。

こうしたことにならないためにも、可能であれば事前にプレゼンテーションの会場を見学させてもらいましょう。

そこでおすすめなのが、企画提案書の持参提出です。事前に申し入れ

■プレゼンについて事前に確認すべきポイントを押さえておく

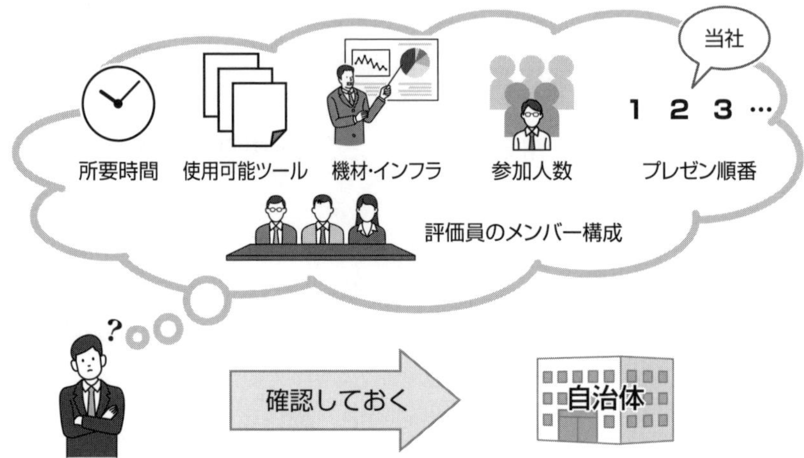

て企画提案書を持って行った際に、会場の下見をさせてもらえればベストです。

4 プレゼンテーションに参加できる人数

プレゼンテーションにおいても、チームを組んで望むのが鉄則です。提案そのものではなく、提案者を評価するのがプロポーザルだからです。

理想的なユニットは、企画提案書作成担当者のほか、意思決定がその場でできる管理職、そして提案の中で技術的・専門的な部分を解説できる専門家の3名体制。

ただし、自治体側が参加人数の上限を指定する場合があります。2名が上限の場合、勝つために訴求すべきポイントをプレゼンテーションできるのが誰かという考えに基づき、メンバーを絞ります。

5 プレゼンテーションの順番

見過ごされがちなのがプレゼンテーションの順番。実は有利な順番と不利な順番があります。順番の決め方は自治体に委ねられているのでアンコントローラブルですが、順番によって戦術を変える必要があるため、何社中何番目にプレゼンテーションするかは必ず確認しておきましょう。

ちなみに最も有利な順番は、一番最後です。

プレゼンテーションの会社数は多い場合は10社を超え、プレゼン実施日が２日から３日にわたることも。そうしたときに１日目にプレゼンテーションした会社の評価員に対する印象は、時間が経つにつれ薄れていきます。

逆に、後のほうの順番でプレゼンテーションをした会社の印象はどうでしょうか。当然それ以前のものより印象は強くなります。同等の提案レベルなら、時間的に直近のプレゼンテーションであればあるほど印象が強く、評価員の心理として優位に働く傾向があるというわけです。

次に有利なのが一番最初。

一番最初のプレゼンテーションは、強いインパクトを与えるストーリー構成とすることで、その後に続く企業への評価を左右する基準とすることが可能となります。

逆に、最も戦いにくいのが午後に入ってからになりやすい、２番目、あるいは３番目の順番。

この時間帯は、どうしても評価員の集中力も途切れてしまいがち。こうしたことを想定し、プレゼンテーションする側は評価員に積極的に聞いてもらえるような、プレゼンストーリーやコミュニケーション方法、演出などに知恵を絞る必要があります。

5-12 侮ってはいけないプレゼンテーション その2 プレゼンテーションの戦略を立てよう

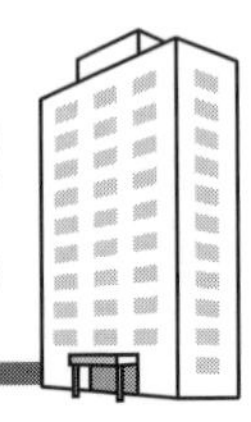

企画提案書を作成してもプレゼンテーションで負けてしまう典型的なパターンは、例えば次のようなものです。

「本日は貴重なお時間をいただきまして」という無難な挨拶。
「それではプレゼンテーションを始めさせていただきます」という、よくある入り方。
「どうぞよろしくお願いします」と、時間内に企画提案書のすべてのページを早足で読み上げて終わる――。

なぜこうしたプレゼンテーションでは勝てないのでしょうか？　それは、ライバルを制するために、また高い得点を得るために、何をどの順番でどのように訴求すればいいのかという戦略も戦術もないためです。

ここでは、必勝を期すプレゼンテーションの戦略を組み立てるための、標準的なステップを紹介しましょう。

1 評価基準と勝率シミュレーション結果の確認

まず、企画提案書の内容を再度確認し、競合他社を制するための「自社でなければならない理由」を記載した箇所を確認します。

必ずピックアップしておきたいのは、評価基準の配点が高い箇所と、企画提案書作成時に実施した勝率シミュレーションで、他社を制するために欠かせない提案が記載されている箇所。これらがプレゼンテーションで訴求する要素となります。

2 訴求ポイントの取捨選択

プレゼンテーションでは、限られた時間の中で、他社と比較した自社の優位性を訴求する必要があります。すべてのページを説明すると思うように優位性を伝えることができません。ピックアップした訴求要素以外の箇所で、思い切ってどこを「捨てる」のか、取捨選択しましょう。

3 プレゼンメンバーの編成

「話すこと」が明確になったところで初めてプレゼンテーションのメンバーを編成できます。訴求する部分によって誰がプレゼンテーションするのがふさわしいか、自ずと決まってくるはずです。

例えば、他社を制するために専門的なことが書いてある部分をしっかりと提案しなければならない場合は、その領域の専門家を。組織としての体制や安定的な運用を約束することが他社を制するポイントであると考える場合は、管理職もしくは経営者が参加するようにしましょう。許容された人数を考慮しながらメンバーを決定します。

4 シナリオ構成

プレゼンテーションに必要な要件が揃ったところで、いよいよプレゼンテーション全体のシナリオ構成に入ります。誰が、どの部分をどのように話すのか。他社を制するために絶対に外せない部分は、誰が何を使って提案するのか。プレゼンテーションの最初の入りと結びは、どんなことを誰がどのくらいの時間で話すのか——。これらを時系列で、所要時間内に収まるようにまとめていきます。

構成のポイントは、可能な限り要領などに規定されている評価項目の順番通りに組み立てること。ちょっとしたことですが、採点のしやすさ

■「プレゼンテーション計画書」の例

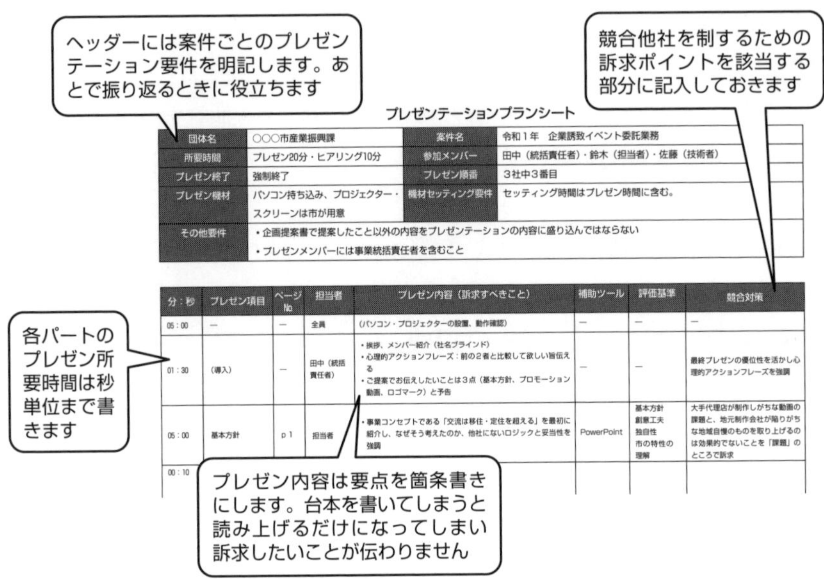

プレゼンテーションプランシート

団体名	○○○市産業振興課	案件名	令和1年　企業誘致イベント委託業務
所要時間	プレゼン20分・ヒアリング10分	参加メンバー	田中（統括責任者）・鈴木（担当者）・佐藤（技術者）
プレゼン終了	強制終了	プレゼン順番	3社中3番目
プレゼン機材	パソコン持ち込み、プロジェクター・スクリーンは市が用意	機材セッティング要件	セッティング時間はプレゼン時間に含む。
その他要件	・企画提案書で提案したこと以外の内容をプレゼンテーションの内容に盛り込んではならない ・プレゼンメンバーには事業統括責任者を含むこと		

分：秒	プレゼン項目	ページNo	担当者	プレゼン内容（訴求すべきこと）	補助ツール	評価基準	競合対策
05：00	—	—	全員	（パソコン・プロジェクターの設置、動作確認）	—	—	—
01：30	（導入）	—	田中（統括責任者）	・挨拶、メンバー紹介（社名ブラインド） ・心理的アクションフレーズ：前の2者と比較して欲しい旨伝える ・ご提案でお伝えしたいことは3点（基本方針、プロモーション動画、ロゴマーク）と予告	—	—	最終プレゼンの優位性を活かし心理的アクションフレーズを強調
05：00	基本方針	p1	担当者	・事業コンセプトである「交流は移住・定住を超える」を最初に紹介し、なぜそう考えたのか、他社にないロジックと妥当性を強調	PowerPoint	基本方針 創意工夫 独自性 市の特性の理解	大手代理店が制作しがちな動画の課題と、地元制作会社が陥りがちな地域自慢のものを取り上げるのは効果的でないことを「課題」のところで訴求
00：10							

も点数を伸ばしやすくする秘訣です。

もう一つ忘れてはならないのは、想定外に時間が押してしまったときの対応。そうしたときに飛ばしたり流したりする部分もあらかじめ決めておきます。リスク管理の一環ですね。

5 プレゼンテーション計画書の作成と共有

プレゼンテーションの組み立ては、上記4まででで終了です。パワーポイントを使う場合は組み立てた構成に沿って訴求内容をスライドに落としていきましょう。

4まででで決まったことは一覧表にまとめてプレゼンテーションメンバーで共有します。「プレゼンテーション計画書」とも呼べるこの一覧表はリハーサルの必需品。振り返りにも役立ちますので、必ず作成しましょう。

5-13 侮ってはいけないプレゼンテーション　その3
ヒアリング対策も抜かりなく

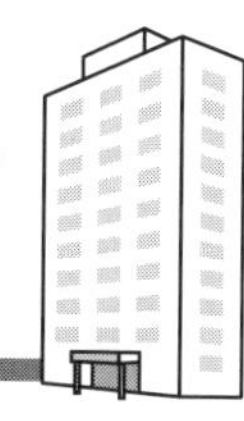

プレゼンテーションには必ずといっていいほど「ヒアリング」の時間が設けられています。

ヒアリングとは評価する自治体側の言い方で、提案を受けた内容について、評価員がわからないところや確認したいところを聞くための時間です。プレゼンテーションをする側にとっては「質疑応答」ということになります。

さて、このヒアリング。プレゼンテーションは抜かりなく準備しても、ヒアリングの準備はほとんどできなかったというケースもあります。

結論から言うと、それは大変危険なことです。ヒアリングの準備は絶対に怠ってはなりません。プレゼンテーションを聞いた評価員は、疑問に思っている部分を確認してから最終的に点数をつけます。ここで的確に回答できないと、せっかくの提案が水の泡。決して侮らず軽視せず、準備をしておきましょう。

ヒアリングの準備のポイントはおおむね次の2点です。

1 想定される質問を予測しておく

企画提案書を見直し、評価員だったらどんな質問をしてくるか想定される質問事項を洗い出しておきましょう。そのうえで各々の質問に誰がどのように回答するかを決めて一覧表にまとめておきます。

ポイントは、客観的な視点で質問を洗い出すということ。評価員は直接の担当部署の管理職員と、その領域に関係する部署の管理職員が中心的な構成メンバーであることがほとんど。つまり、評価員の全員がその領域を熟知しているわけではないのです。実際の洗い出しの際には、そ

■ヒアリング対策の仕方

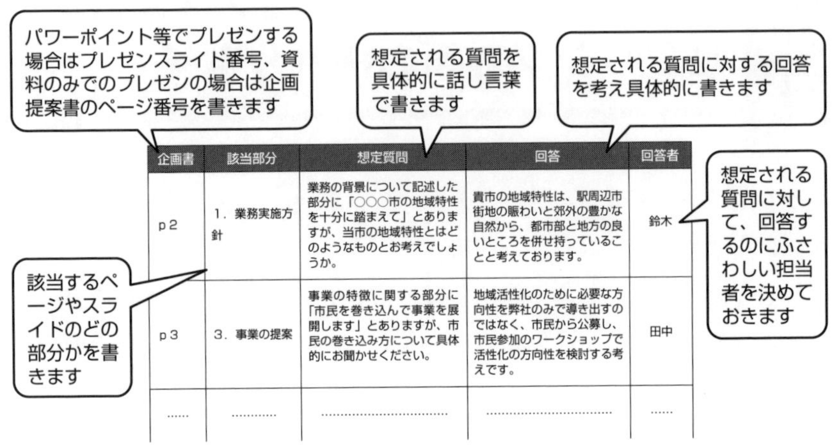

企画書	該当部分	想定質問	回答	回答者
p2	1．業務実施方針	業務の背景について記述した部分に「○○○市の地域特性を十分に踏まえて」とありますが、当市の地域特性とはどのようなものとお考えでしょうか。	貴市の地域特性は、駅周辺市街地の賑わいと郊外の豊かな自然から、都市部と地方の良いところを併せ持っていることと考えております。	鈴木
p3	3．事業の提案	事業の特徴に関する部分に「市民を巻き込んで事業を展開します」とありますが、市民の巻き込み方について具体的にお聞かせください。	地域活性化のために必要な方向性を弊社のみで導き出すのではなく、市民から公募し、市民参加のワークショップで活性化の方向性を検討する考えです。	田中
……	…………	……………………………	……………………………	……

の事業に直接関係ない、社内の別の部署の社員にも協力を仰ぎ、質問を洗い出してもらってもよいでしょう。

2 質問を最初に受ける担当を決める

ヒアリングもチーム戦です。評価員からの質問をまず受け付ける「フロントメンバー」を決めておきましょう。フロントメンバーの役割は、質問を受けたらその質問の趣旨や内容を評価員に対して再度確認し、回答にふさわしいメンバーに振るというもの。

こうした体制を組むことによって、実際に該当するメンバーが回答するまで時間にして10秒前後のタイムラグを作り出せます。

わずか10秒前後ですが、これがなかなか侮れません。この少しの時間で、回答するメンバーが的確な回答内容を頭の中で整理する余裕を生み出せます。

また、チームで役割分担がしっかりできていることを自治体側に示すうえでも大変効果的です。フロントメンバーは、全体を理解している企画提案書をメインで作成した担当者がふさわしいでしょう。

5-14 侮ってはいけないプレゼンテーション その4 リハーサルで内容を磨き上げる

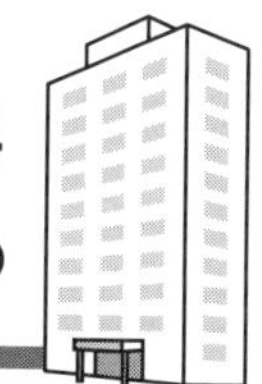

これも多くの企業が端折ってしまう大切な準備事項、リハーサル。

どんなに緻密にプレゼンテーションの戦略を組み立てても、それはあくまでも仮説の域を出ません。本番で果たしてうまくいくかどうかは試してみないとわからないのです。

何よりもチーム戦である以上、複数のメンバーで一本のプレゼンテーションを仕上げる全体の流れを確認する必要があります。多忙なメンバーのスケジュールを調整してでもリハーサルは必須です。プレゼンテーション準備の最後の仕上げとして、しっかり取り組んでください。

とはいいながら、漫然と何回も繰り返すだけではどこまでやればいいのか誰もわからず効果が上がりません。リハーサルは次の3つのサイクルで仕上げると、所要時間あたりの仕上がりがグンと良くなります。

1 まずは役割分担通りに全体を流してみる

まずはプレゼンテーション計画書に沿って、時間を計りながら全体を通してプレゼンテーションのリハーサルをしてみましょう。ポイントは、プレゼンスライドごと、あるいは企画提案書のページごとにラップタイムを記録しておくこと。ラップタイムはプレゼンテーション計画書に欄を設けて記入しながら時間を図るとよいでしょう。

2 どの部分を何秒削るか整える

最初全体をリハーサルで流してみると、ほとんどの場合、所要時間をオーバーします。オーバーした時間を、誰がどの部分のプレゼンテーシ

■リハーサルで時間配分を決めておく

●プレゼン時間15分の場合

ョンをしているところでどのくらい削るのか、「削る部分」と「削る時間」をメンバー全体で検討して決めていきます。

大切なことは、勝率シミュレーションで見出した「他社を制するのに必須の提案」の時間は絶対に削らないこと。オーバーしたからといってその部分を削ってしまっては勝てなくなってしまいます。

また、評価点の配点が高いところを削るのもリスキーです。自治体のニーズである評価点と他社を制するポイントとのバランスを見ながら、話す内容を削り時間内に収まるように整えます。

本番では時間が押すことを想定し、時間内ギリギリではなく30秒ほど余裕を設けて終わるように調整するのも大切。整えたら、想定時間内に収まるか再度全体を通してみます。時間内に収まったら３つ目のサイクルに進みましょう。

3 内容を磨き上げる

最後のサイクルは内容の磨き上げです。チームメンバー以外の社員に協力を仰ぎ、自治体の評価員に扮してもらい、想定質問も含めてロールプレイ形式で実施しましょう。

訴求する提案が伝わるように表現できているか、わかりやすい言葉で話せているか、スピードはどうか、メンバーとメンバーのつなぎはうまくいっているかなど、こちらが伝えたい・提案したいことが伝わるように表現を整えていきます。

このサイクルでは、内容を全く知らない、社内の別の部署の人に聴いてもらうのがおすすめです。わかりにくいところや問題点を指摘してもらうと、気づかない盲点をフォローアップすることができます。

＊＊＊

この1から3までのサイクルをそれぞれ何回か繰り返しすようにすると、プレゼンテーションの完成度が高まっていきます。時間がない場合は、これら３つのサイクルを１回づつ、合計３回のリハーサルで仕上げることを目指してください。

5-15 侮ってはいけないプレゼンテーション　その5 プレゼンテーションの冒頭で優位に立つ方法

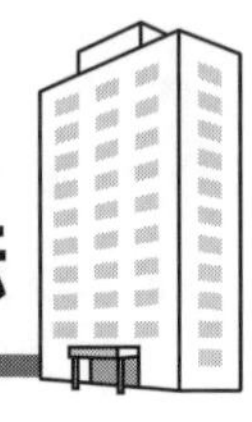

いよいよプレゼンテーションの本番。準備の通りに実施するだけです。会場には余裕を持って入り、落ち着いて臨みましょう。

プレゼンテーションが準備通りうまくいくかは、最初の1分にかかっていると言っても過言ではありません。この役回りは多くの場合、企画提案書の作成担当者が担います。

ここで最初にプレゼンをする担当者に肝に命じておいていただきたいことがあります。それは、導入部分を聞いているのは評価員だけではなく、味方であるほかのプレゼンメンバーも固唾を飲んで聞き入っているということ。導入部の出来栄えは、ほかのメンバーにいい意味でも悪い意味でも即座に大きな影響を及ぼすのです。

もし緊張のあまりに最初に意味不明なことを口走ってしまったり、もたついてしまったらどうなるでしょうか。メンバーの頭の中は「リカバリーしなければ」と混乱を極め、想定したプレゼンテーションとは程遠い結果になりかねません。

では、評価員の印象を高めてメンバーの気持ちを一つにする「導入部のプレゼン」とはどのようなものでしょうか。押さえておくといい代表的なポイントを3点紹介しましょう。

1 最初の導入部は1分以内で

評価員は評価をするために臨席しているので、速やかに目の前の企業を評価したいと手ぐすねを引いて待っています。提案内容とは直接かかわりのない自社のPRなどが長々続くのはご法度。最初の入りは簡潔に。

適切なのは30秒程度、長くても１分以内で提案に入るようにしましょう。

２「自社が選ばれるべき理由」を簡潔に宣言する

企画提案書作成時の勝率シミュレーションで明確にした「自社が選ばれるべき理由」を導入部の時点で宣言しましょう。自社の提案で最も言いたいことを最初に言ってしまうということです。

これを最初に伝えておくと、評価員は以降のプレゼン内容を、冒頭に述べた「選ばれるべき理由」と結びつけてくれる傾向があり、点数が伸びやすくなります。

３ 評価員の「心理的アクション」を引き出す

導入部で一番やってはいけないのは、通り一遍の挨拶と宣言。例えばこんな感じの入り方はNGです。

「本日はお忙しいところ弊社にこのような貴重な機会をいただきありがとうございます。それではプレゼンテーションを始めさせていただきます。企画提案書の１ページ目からご説明いたします……」（以下企画提案書の説明に終始）

プレゼンテーションは、ときには10社を超える並み居る競合他社の中から、自社だけ最も高い評価点をつけてもらわなければならない戦いの場。レベルの高い企業同士の戦いはまさしく僅差になります。

漫然と始まるこうした入り方では、評価員の心理状態はただ情報を受け取るだけの受け身の姿勢になってしまいがち。積極的に評価しようという気持ちにはなりません。

ここで投げかけるべき言葉は、評価員の心理に能動的なアクションを引き出す次のようなフレーズです。

「弊社の提案が、本事業において皆さまと歩むにふさわしいものかどうかご評価ください」
「私どものご提案が皆さまのご評価を得られるものかどうか、ぜひ見極めてください」
「経験は確かに浅い会社ですが、他社の優れた提案と比べて劣るものかどうかご判断ください」

――こうした「評価してください」「見極めてください」「判断してください」などのフレーズは、受け手が能動的に判断しようというアクションを無意識に引き出す効果があります。
「心理的アクションフレーズ」ともいうべきこうした投げかけを、プレゼン導入部の最後で入れるようにしてください。メンバーの士気も高まり、仕事に臨む熱意も自治体側に伝わります。

5-16 侮ってはいけないプレゼンテーション　その6 勝因・敗因分析でPDCAサイクルを回す

短期決戦のプロポーザル、プレゼンテーションが終わったらあとは結果を待つばかり。

厳しい戦いが終わり、結果が出ます。ここでよくやりがちなのが、勝ったら「万歳！」と祝杯をあげ、自治体からの要求通りに実務に入ってしまう。一方で負けたら「どうせ既存業者と話ができていたんだろう」などの捨て台詞とともに、これまた気分転換で呑みに行く……。

ぜひ理解していただきたいのは、自治体プロポーザルには勝っても負けても必ず理由があるということです。その理由や背景となっている原因を把握することで、勝つ確率を高めることもできれば、負ける要因を取り除くこともできます。仮に皆さんの会社が理由を見極めることもせず、たまたま「勝った」「負けた」を繰り返しているとすれば、それは事業としてふさわしいあり方なのでしょうか。

勝っても負けても必ず理由を把握したうえで、原因となる要素に対して対応策を検討し、メンバーで共有できるようにしておきましょう。

こうした勝因や敗因を踏まえてPDCAサイクルを回していくと、提案時の「自治体ニーズ」と「競合他社の強み・弱み」について立てた仮説の精度が高まります。勝つパターンや負けるパターンも明らかになり、組織として勝てる体質を構築するための情報として活用できます。

勝因・敗因分析の基本ステップは次の通りです。ただし、すべて完璧に実施する必要はありません。どれか一つでも情報を確認しておくだけで、その後のプロポーザルへの臨み方が違ってくるはずです。

1 自治体へのヒアリング

プロポーザルの案件を発注した部署に、負けても勝っても理由をヒアリングしましょう。特に負けた場合は勝った企業名を必ず確認してください。多くの場合、勝った会社は公表されますが、そうでないケースもあるからです。

ポイントは、こちらで勝った要因や負けた要因の仮説を立て、それについてどう感じるかを、具体的な項目を絞って尋ねること。例えば「弊社は提案の中で市民を巻き込むのが重要と考えていたのですが、それについての評価員の皆さんの受け止め方はいかがでしたでしょうか」などのように、具体的な理由を引き出せるような投げかけをしましょう。

やってはいけないのは「負けた理由をお聞かせいただけますか」というざっくりした聞き方。これでは「特定した会社より評価点が低かったためです」という当たり前の理由しか聞き出すことができません。また、非開示の場合もありますが、自社と他社の評価結果の採点表を共有させてもらえないか、お願いしてみましょう。

2 他社の提出資料の入手

特に自社が負けた場合、勝った会社が提出した資料一式をその自治体の情報開示請求の手続きに沿って入手しましょう。

ただし入手には時間がかかるので、手続きだけしておいてとりあえず次の3のステップに進み、入手できた段階で再度3をやり直してもよいでしょう。

3 勝率シミュレーションで実施した仮説の検証

ヒアリングや入手した資料などの情報を材料に、勝率シミュレーショ

■振り返り、PDCAサイクルを回して結果と仮説・予測のギャップを小さくする

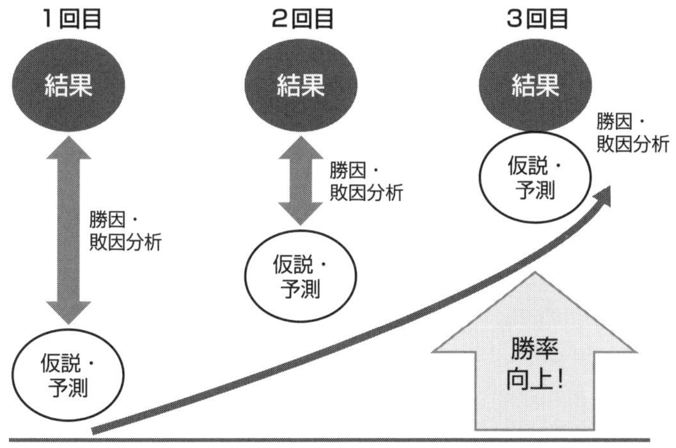

ンで設定した「自社が選ばれるべき理由」や想定した他社の強み・弱みの予測とどれくらいギャップがあったかなどについて一つひとつ検証し、今後の提案上の改善方策を検討し実践しましょう。これをしておくことで類似のプロポーザルで同じ轍を踏まなくなります。

勝率を継続的に高める工夫を

このようにプロセスを踏んでプロポーザルを戦い、勝因・敗因を分析し、改善策を講じてまた戦うというPDCAサイクルを繰り返すことで、勝率を継続的に高めることが可能となります。

出口の見えないプロポーザルになる一番の原因は、負ける原因や理由を、自社の中に見出せないことにほかなりません。原因を自らの中に見つけることができれば、対処法も自ずから見えてきます。出口の見えない戦いを延々と続ける状態から解放されることでしょう。

第6章

自治体ビジネスにおける
コンプライアンス

自治体からの仕事を受注してからも、コンプライアンス上の問題でトラブルになることは少なくありません。最悪の場合は指名停止——いわゆる「出入り禁止」になってしまうことも。リスク管理の視点から、どうトラブルを防げばいいのかを解説します。

6-1 コンプライアンスとは

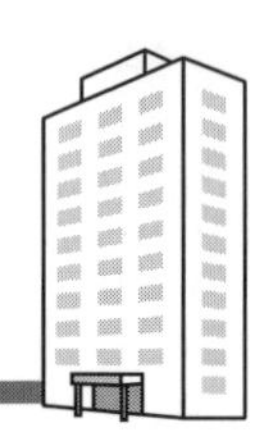

「コンプライアンス」は、最近では「法令遵守」という狭義ではなく、変化する社会的な秩序や規範等のルールも含めた遵守活動を指します。

いままでは各種法律・条例等、および企業が独自に定める定款、就業規則、業務ルール等を企業や個人が遵守するという意味で使われてきたのですが、その範囲が広がっています。

最近は、インスタグラムやYouTubeによる投稿などを背景に、企業倫理、行動規範、CSRといった、秩序等の社会的なルールという広義の使われ方まで、範囲は広がっています。

コンプライアンスとは、「法令等」だけを遵守していればいいということではありません。法令や社内規則違反していなくても、不正だけでなく不祥事でもコンプライアンスを問われる時代です。

不正・不祥事とコンプライアンス

「不正」とは、「不当又は違法な利益を得るために他者を欺く行為を含み、経営者、取締役等、監査役等、従業員又は第三者による意図的な行為」（日本公認会計士協会）のことをいいます。

一方「不祥事」とは、「関係者にとって不名誉で好ましくない事柄・事件」（広辞苑）のことをいいます。

特に自治体・官庁の職員は法律に則って仕事をしていますので、民間よりもはるかにコンプライアンスについては厳しくなっています。

また、官公庁ビジネスにかかわった企業や個人もコンプライアンス違反をすると法律によって厳しい処分が下ることもありますので注意が必要です。

不正・不祥事には具体的にどんなものがあるでしょうか？

個人においては、社員の不正、社員の引き起こした事件・事故、インサイダー取引、セクハラ、パワハラ、悪ふざけ投稿などが挙げられます。

これが自治体になると、さらに話が大きくなります。例えば談合、贈収賄、競争妨害など、新聞紙面を賑わすレベルのものばかり。起こしてしまったら、当然「ごめんなさい」では済みません。

一方、会社や団体の不祥事としてよくニュースを賑わすものが製品事故、反社会的団体・勢力との取引、営業免許違反による訴え（損害賠償）、粉飾決算等の財務不祥事、循環取引、重大な労働災害、営業取引上の重要なクレーム・トラブル、メール誤配信、テレビ・ラジオ番組の捏造、著作権侵害、顧客情報流出など。こちらも枚挙にいとまがありません。

民間企業にとってその代償は手痛いもの。民間企業相手なら直接的な損失、事態収拾のためのコスト、社会に対する信頼性の失墜、レピュテーション・ブランドの毀損、取引先との関係悪化、株価の低下をまねきます。

一方、こうした不祥事を起こした場合、相手が自治体の場合はどうなるでしょうか。コストや信頼の問題どころか、待っているのは「指名停止処分」や「営業停止処分」。いわゆる出入り禁止で、自治体に対するビジネスそのものができなくなってしまいます。

6-2 コンプライアンス違反内容と処罰・処分

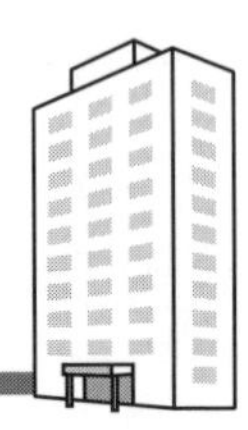

自治体の職員は法律に沿って仕事をしています。そのため、自治体は民間よりもはるかにコンプライアンスについては厳しい姿勢で臨みます。

また、自治体ビジネスにかかわった企業や個人も、コンプライアンス違反をすると厳しい処分が待っています。

コンプライアンス違反となるケースとは

こうしたコンプライアンス違反で自治体側が処分の対象としているのは、次のようなものです。

① 談合　② 官製談合　③ 競争妨害　④ 落札後辞退
⑤ 契約不履行　⑥ 重大な労働災害　⑦ 接待や金品授与

字面を見ているだけで悪いことだとすぐにわかりますよね。では、それぞれの具体的内容はどのようなものでしょうか。

① 談合

入札に参加する企業同士が事前に相談し、落札する企業や金額を決めて、談合した業者が利益を得るために、過度な値引き競争をしないように入札価格を調整することです。

② 官製談合

入札について公務員がかかわって談合すること。国や地方自治体による事業などの発注の際に行われる競争入札において、自治体職員からの談合の指示や予定価格の秘密を漏らすなど、公務員が談合に関与して、不公平な形で落札業者が決まるようにする行為です。

③ 競争妨害

競争入札において、偽計または威力を使って入札価格の適正な形成を妨害する行為です。

簡単にいえば、脅迫によって談合に参加させたり、不当に入札価格を低くして他社を入れさせないようにする行為を指します。

なお、①談合　②官製談合　③競争妨害は、法律に定められた、次のような処罰・処分があります。

- 個人は２年以下の懲役または250万円以下の罰金
- 企業や団体は行政処分で指名停止処分、営業停止処分、業者登録取消、競争入札参加資格の取り消し（複数年）、損害賠償金　など

④ 落札後辞退

落札後、落札者の都合で契約を辞退することです。例えば、入札金額を間違えて落札した場合も当てはまります。企業や団体への処罰・処分は行政処分で、指名停止処分や複数年にわたる競争入札参加資格の取り消しがあります。

⑤ 契約不履行

落札業者が入札仕様書や契約書通りの品質や納期を守れないケースです。例えば、パソコンを落札したものの、納期通りに納品できないことなどです。また、ソフトの開発案件で品質が悪く、業務に耐えられないときなども当てはまります。

企業や団体への処罰・処分は行政処分で、指名停止処分や、複数年にわたる競争入札参加資格の取り消しがあります。

⑥ 重大な労働災害

死亡災害、負傷または疾病により、障がい等級第１級から第７級までの障がいに該当するものが生じたもの、または生じるおそれのあるものです。例えば、建設会社で工事による事故で死亡災害や上記等級の負傷が生じた場合も含まれます。

企業や団体に対しては、行政処分で指名停止処分、営業停止処分、業者登録取り消し、競争入札参加資格の取り消し（複数年）等があります。

企業には労働基準監督署から措置命令や場合によっては、上司や監督者に刑罰が及ぶ場合があります。

⑦ 接待や金品授与

公務員に対して取引を優位にするために接待や金品授与をする行為です。公務員は収賄罪、供与側は贈賄罪に問われます。

個人には３年以下の懲役または250万円以下の罰金。また企業や団体に対しては、行政処分で指名停止処分、営業停止処分、業者登録取消、複数年にわたる競争入札参加資格の取り消しなどがあります。

行政処分の内容

こうした民間企業に対し、自治体は容赦無く厳しい処分を用意しています。代表的なものを３つ挙げてみましょう。

① 指名停止処分

ある一定の期間入札参加を認めない「処分」のことです。期間は１カ月から12カ月間で、指名停止処分の影響はその自治体だけでなく、全国にわたります。つまり、指名停止の期間中は、日本全国の自治体、官公庁の入札や随意契約ができません。

② 営業停止処分

免許制・許可制の営業で、業者が違法または不当な行為を行った場合に、行政処分によって一定期間その営業の停止を命じることです。建設業や飲食業など免許・許可制の業種がそれに当たります。監督官庁から処分が通知されます。

③ 業者登録取り消し・競争入札参加資格の取り消し

該当自治体で重大な法律違反があった場合に、当該自治体で業者登録の抹消や入札参加資格の取り消しの処分があります。一度この処分が下ると、ほかの自治体では処分を免れるものの、当該自治体ではビジネスができなくなってしまいます。

6-3 不祥事・トラブルが起きたときの対応

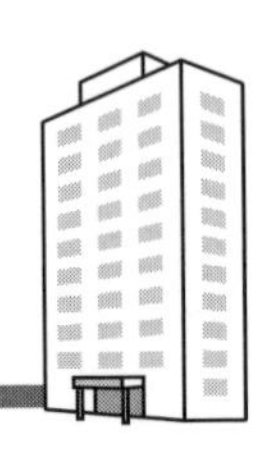

では実際、自治体ビジネスにおいて不祥事やトラブルが起きてしまった場合はどのようにすればいいのでしょうか。

この場合、何よりも大切なのは初動対応。

まず、不祥事、トラブルが起きたときは初動対応を迅速に行わないと後に大きな問題となり、なんらかの処分が下される可能性があると心得てください。担当者は先送りにせず、上司や経営者への一刻も早い報告が、その後の明暗を分けます。

初動対応の基本

第一報は迅速に、電話か面談で上司や管理責任者へ直接「起こったことの事実」を報告します。

直属の上司や管理責任者不在の場合は、さらに上の上司に、直接電話か面談で「起こったことの事実」を報告します。報告を受けた上司は担当役員や、場合によっては社長への報告が必須です。

事実関係の確認

担当者は起こった事実、いままでの経過、取引先からの書類、取引先に話している内容などの事実を文書にします。多面的な影響の判断が行えるように、上司や管理責任者と相談して対応策を協議しましょう。

迅速な調査

詳細な調査は後でいいので、方針決定のために必要最低限の調査を行います。

- 事実データや資料を廃棄・隠蔽とみなされないように注意します。
- 実行者および関連当事者全員にヒアリングをし、顛末書を書いてもらいます。
- 事実データや書類（エビデンス、メールのやりとり、売上、売掛金回収、勤怠等）の確保をします。

不祥事やトラブルはあってはならないものです。でも、人間のやることに完璧はあり得ません。もし起きてしまったときには、迅速な対応を心掛けましょう。

第7章

自治体ビジネス5つの心得

～経営者・管理職が知っておくべきこと～

自治体への営業活動がうまくいかない理由の一つとして、会社の組織体制や経営者・管理職の自治体ビジネスに対する認識に問題があることが挙げられます。現場の担当者の力を最大限に引き出す組織体制の作り方、マネジメントの仕方を解説します。

7-1 自治体営業は「仕組み」で取り組もう

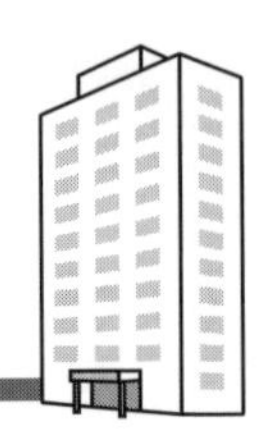

自治体ビジネスでなかなか結果を出せない民間企業は、営業担当者の知識やスキルに問題があるのでしょうか。もちろんそういうケースもありますが、実は営業活動の組織としてのマネジメントに課題があるケースが少なくないのです。

いままで自治体ビジネスにほとんど参入してこなかった会社の経営層や管理職の方々は、長年、民間市場を主戦場として成功体験を積んでこられた方々です。こうした方々が考える常識は、あくまでも民間企業の営業活動で培った常識です。

自治体営業の経験がない場合、民間と自治体で大きな違いがあることに気がつきません。そのため、民間企業と同じような感覚で自治体ビジネスに参入しようとすると、売上が思うように上がらず、事業として魅力がない市場だなどと判断してしまいがち。担当部門を縮小、あるいは撤退させてしまいます。これは、とてももったいないことです。

逆に、経営層や管理職が民間営業と自治体営業の違いを理解し活動を適切にマネジメントすれば、想像以上の効果が期待できるはずです。

本書の最後に、経営者や管理職やマネジメント層の方々にぜひ知っていただきたい、自治体ビジネスの「心得」ともいえる５つの考え方を紹介しましょう。

自治体ビジネスを「仕組み化」する

地方自治体への営業活動は１年間１サイクルのプロセス営業。いつ、何を準備し、どんなツールを使ってどのようにアプローチするのか。すべて押さえどころがある決まりごとの世界です。「自治体営業７つのフェーズ」(142〜155ページ参照)や「プロポーザルの勝率を高める10のステップ」(201〜204ページを参照)などに基づいて活動をルール化し、組織として実行する「仕組み」を作って実行することができれば、継続的に成果を上げていくことができます。

「仕組み」というと、全社的な組織を立ち上げてマニュアルを一式整備しなければと考えてしまいがちですが、そんなに大げさなものは必要ありません。

担当部署単位で、1年間の営業活動の流れに沿って、いつ、誰が、何をするか、どのように報告して情報共有するかを決め、ルールを文書にして部署のメンバーが見られる状態にしておくこと。そして活動状況をチェックして、部署のリーダーが対応策を決めてメンバーに伝達するマイルストーンを決めておくこと。まずはこの程度のレベルで十分に実行していくことができます。

仕組みで取り組むことのメリットとして、次の3つを挙げておきましょう。

① 継続的に勝率を高めることができる

営業活動のポイントを見える化してPDCAサイクルを回すことで、活動の結果、何がうまくいったか、いかなかったかが明確になります。

うまくいったところは担当メンバーで情報共有して徹底し、うまくいかなかったところは原因を突き止めて対策を打つ。こうした活動を仕組みで進めることができるので、中長期的に案件獲得の確率を高めていくことができます。

② 属人的な営業活動から脱却できる

自治体ビジネスは、営業担当者個人の資質も重要ですが、ルール通り進めることで成果を上げることができる市場です。

民間への営業の場合、担当者が退職したり異動したりすると売上がガタ落ちすることはよくあること。一方、自治体営業は仕組みさえしっかり運用することができれば、営業担当者のスキルに左右される属人的な営業活動に頼らずとも、成果を上げていくことができます。

③ 事業の見通しが立てやすい

自治体案件は一度受注すると実績ができ、次の案件も獲得しやすくなります。また、前年度に予算枠を獲得できれば、次の年度の数字がある程度予測できます。

民間市場は経済環境に左右されたりするなど変数が多く、とかく予測がつきにくいものです。一方、自治体市場は、仕組みで回していけば次年度の売上の予測がしやすくなります。予測さえつけば経営資源の投下についての意思決定も容易になり、事業の経営戦略を立てやすくなります。

7-2 自治体営業はセールスにあらず

～すぐ数字が上がる市場でないことを心得よう～

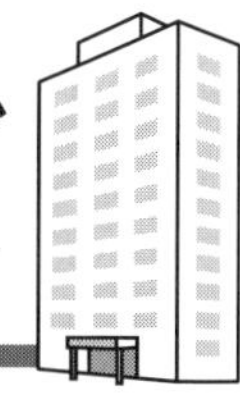

自治体営業担当者が抱くさまざまな悩みごとは大きく２つに大別されます。

１つは「自治体に対する営業をどのように進めていったらいいかわからない」という知識やスキルに起因する悩みです。これは顧客である自治体への対応に関することなので、知識を学んだりそれぞれの局面での対応を身につけて実戦力をつけることで、営業担当者自身の努力によってクリアし数字を伸ばしていくことができます。

厄介なのが次のような２つ目の悩みです――「会社の理解がない」。これは組織内部の問題なので本人にはどうすることもできません。

よく見られる悩みの具体的な内容は、経営層や上司から「すぐに仕事をとってこい」という指示が出されるというもの。自治体営業の世界から見ると、これは無理難題といわざるを得ない指示です。本書を最初から読まれている方にはその理由がすでにおわかりなのではないでしょうか。

短期的な売上を追わない

自治体市場は予算ありき。営業先の自治体が自社の製品やサービスに関する年度の予算を確保していない限り、どんなにスキルが高い営業担当者が訪問してもすぐに当月の売上に結びつく情報はほとんど得られません。また当月や年度内に、自社がエントリーできると十分な数字を上げられることのできる入札やプロポーザル案件が、都合よく用意されているとは限りません。

自治体営業の担当者が民間企業への営業活動も行っているのであれば、

担当者は日々の自分の仕事が一段落してから自治体のウェブサイトなどを見て、入札やプロポーザル案件を深夜まで目を皿のようにして探し続けようとするでしょう。

これではいたずらに社員を残業させてしまい、不毛な時間を費やさせてしまうことになりかねません。

こうした指示で動いている営業担当者が最後の手段として狙いに行くのは、すぐに受注が期待できそうな補正予算や補助金、年度の終わり頃の未執行予算です。確かに訪問すればこうした情報を得られて売上に結びつくこともあります。

ただし、これらはあくまでも単発の仕事です。補正予算や補助金はいつも自社に都合のいいものが出てくるわけではありません。こうした、場当たり的に予算を狙わざるを得ない指示を出して自治体営業を進めることは、結果として自らの首を絞めることになります。

中長期的な数字の見通しがつかず、企業としての安定的な事業運営に結びつかないというのが一番の理由です。

また、こうした場当たり的な営業は自治体担当者からも歓迎されません。通常の事務で忙しい時間を割いて民間担当者のアポに応じた結果、出てくる話は「補助金や補正予算の情報はありませんか」「今年度の中で弊社の製品やサービスを買っていただけるような予算はありませんか」といった自社の都合によるお願いごとばかり。

こうした担当者は自治体職員にはどう映るでしょうか。課題解決のパートナーではなく、ただ自社製品やサービスを売りつけようとする鬱陶しくはた迷惑なセールスマンにしか見えません。

自治体市場で継続的に売上を伸ばしていきたいのであれば、目の前の数字を上げることを目指す、セールス重視の展開は功を奏しません。年間の自治体予算の仕組みを理解し、少なくとも2年間は腰を据えて取り組むことを肝に銘じましょう。

7-3 営業担当者が動きやすい職場マネジメントを

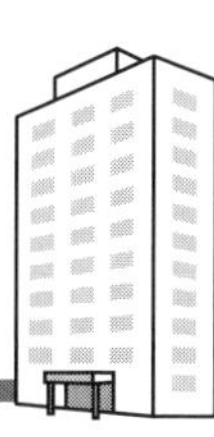

自治体ビジネスの経験が浅い企業の経営層や管理職の方々にとっては、事業として本当に見込みがあるのか見通しがつかない状態で人や予算はつけにくいもの。そのため、担当部門は任命されているものの、通常業務との兼任で取り組んでいる自治体営業担当者が数多く存在します。

数字が安定的に上がってくるまでは兼任でも構いませんが、問題は兼任業務の任せ方です。担当部門長に自治体市場に取り組むことを指示して数値目標を示し、指定した期限までに結果が上がってくるのを待つ。そんな指示の仕方をしていませんか。民間ビジネスであればこうした事業の進め方はよく行われていることでしょう。ですが自治体ビジネスとなると話は別。こうした指示だけでは自治体営業はなかなかうまくいきません。現場が以下に示したような事態に陥るからです。

営業担当者が民間ビジネスの既存業務を優先してしまう

民間企業の営業担当者の多くは数値目標を課せられています。目標達成を確実にするためには、すぐに数字が上がりやすい民間クライアントへの営業をどうしても優先しがち。人事評価制度上、売上目標が給与に連動している場合は特にこうした傾向が顕著に表われます。

結果として自治体営業で仕掛けるべき時期にやるべきことが後回しになり、結果が出ない営業体質が出来上がってしまいます。

営業担当者が孤立してしまう

自治体営業活動はすぐに結果が出ないため、部署のほかの営業担当者から見ると何をやっているのかわかりにくい面があります。

部署全体の数値目標達成のために民間クライアント訪問を頑張っているほかの営業メンバーから見ると、事務所に張り付いて企画提案書を作っている自治体営業担当者は「こんなときに事務作業ばかりして何をやっているんだろう？」という目で見られがち。

自治体営業担当者としては仕事をとるのに必要なことに真剣に取り組んでいるにもかかわらず、周囲から理解されず孤立してしまいます。

上司が的外れな指示をしてしまう

営業担当者の上司が自治体市場をよく知らないこともボトルネックになります。すぐに数字が上がらない市場であることを理解せず、「パンフレットを持ってとにかく訪問してこい！」「とにかくDMを打て！」などと的外れな対応をしてしまったり、檄を飛ばしてしまうことも。

上司がやるべきなのは、自治体営業のプロセスを理解しマネジメントすること。そこができていない上司では、どんなに担当者が自治体市場を理解していても数字が上がる職場にはなりません。

こうした事態を回避するためには、自治体営業を「仕組み」で進めることが不可欠。特に次のような対応は可能な限り「仕組み化」することで、自治体案件獲得実績を継続的に伸ばしていくことができます。

- 担当者の民間業務と自治体業務の役割分担
- 職場の社員全体への自治体営業と民間営業の違いの周知
- 営業担当者の人事評価制度との連動
- 部門長への、職場マネジメントを適切に行うことの指示
- 自治体営業関係者を対象とした、自治体ビジネスの基礎知識の階層別教育

こうした経営層としての組織の仕組みに対するマネジメントがあって、

■自治体営業のマネジメントのポイント

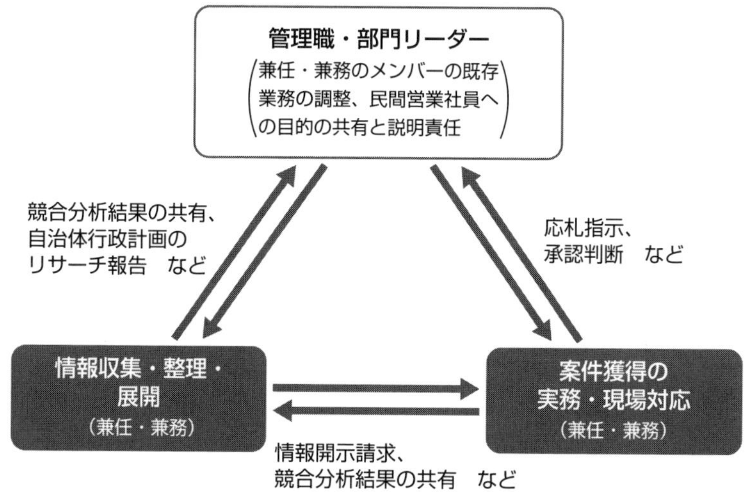

初めて成果が期待できるのが自治体ビジネスなのです。

さて、まずは何から着手しようということになりますね。どうせなら組織改編などの手間やコストなど経営資源をほとんどかけずに、自治体営業担当者のサポート体制を整えてみませんか。

おすすめしたいサポート体制とは、「情報管理担当」を置くこと。

自治体営業は情報戦です。担当者が自らのスキルや知識に関係なく多くの時間を割かざるを得ないのが、自治体の行政計画や入札・プロポーザル案件などの情報収集や整理、展開と共有です。

ただし、この作業は自治体営業の熟練でなくても、最低限のパソコンスキルとネット検索の知識があれば誰でもできることですよね。この部分だけでも自治体営業担当者から切り分けて担当を決めて、情報を一元管理し、営業担当者が誰でも確認・利用できるような仕組みを作ったら効果絶大です。

自治体営業の効率化だけではなく、案件獲得の戦略・戦術を検討する際のデータベースとしても大いに役立つことでしょう。

7-4 「狩猟」と「農耕」に並行して取り組もう

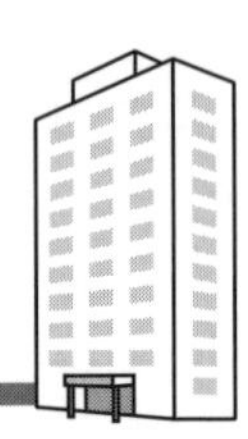

自治体ビジネスで数字を継続的に上げていくためには中長期的に取り組むことが必要だということは、すでにご理解いただけているかと思います。

とはいいながらも、民間企業の経営はスピード重視。入札・プロポーザルのポイントをしっかり押さえて勝率を高める戦いを展開すれば、当年度の売上を立てていくことは可能です。

ただし、目の前の入札やプロポーザルだけに邁進してしまうと大きな落とし穴に落ちてしまうかもしれません。その落とし穴とは、次年度に自社に有利な案件を作り出すための「予算枠の確保」がおざなりになることです。

「自治体営業７つのフェーズ」（143ページを参照）でいうところの第１フェーズから第５フェーズがこれに当たります。

「予算化」と「案件獲得」を並行して行う

入札やプロポーザル案件が公告され発注先企業が決まる時期は、特に年度の前半に集中します。

担当者が複数の入札案件準備やプロポーザルの企画提案書作成に忙殺されるこの時期、さらに厄介なことに予算の枠取りの一連の提案活動も、タイミング的に重なってしまうのです。

すると時間がない中どうしても目の前の入札・プロポーザル案件が優先になり、次年度のための提案活動を思うように行えなくなってしまいます。

■「予算化活動」（農耕活動）と「案件獲得活動」（狩猟活動）を並行して行う

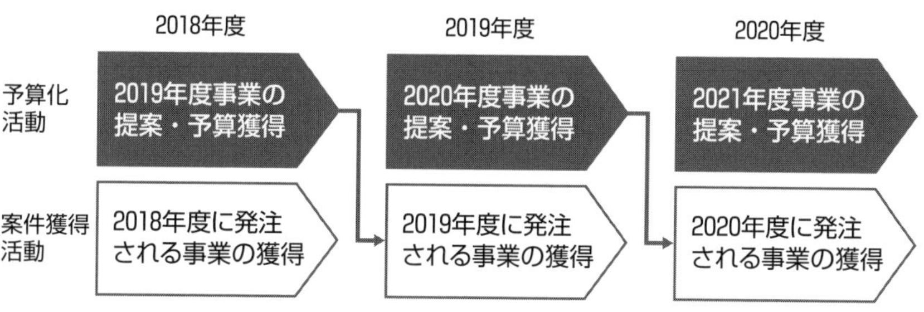

こうした現場の状況が続くと、次年度の予算枠の確保活動ができず、何年経っても目の前の案件を探して追いかけ続ける、消耗戦に陥ってしまうのは明白です。

大切なのは、目の前に出てきた入札・プロポーザル案件を戦って勝ち取る「狩猟活動」と、次年度のための種まきに当たる予算枠取りの「農耕活動」をバランスよく並行して行うこと。この狩猟活動と農耕活動の両立は、７つのフェーズのプロセスに沿って組織としての役割分担を適切に行い周知し、仕組みで進めていくのが最も的確な方法です。

年間活動の特徴は、営業活動の稼働量の増減。入札・プロポーザルのトップシーズンは第１フェーズおよび第２フェーズとも重なり、稼働量が多くなりますが、第４フェーズと第５フェーズの間、時期にすると11月から翌年２月は稼働量が少なくなるという特徴があります。

仕組みづくりの際にはこの稼働量の増減を考慮し、期間によって役割分担を組み替えるなどの方策を、仕組みとして取り入れるとよいでしょう。

なお、こうした仕組みは社員が狙い通りに動いてこそ機能します。組織トップの自治体ビジネスに対するコミットメントや事業に対する中長期的な戦略とメンバー全体での共有が求められるのは、言うまでもありません。

7-5 「下請け業者」ではなく「イコールパートナー」を目指す

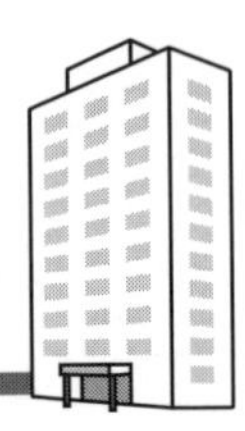

「営業」という表現は、多くの民間企業にとっては「セールス」と同じ意味で使われます。ゆえに、自治体営業の経験が浅い企業は営業担当者に製品パンフレットを持たせて「弊社の製品やサービスを買ってください」というスタイルの営業展開をしてしまいがちです。

自治体の案件獲得の一番根っこにある目的は、地域課題の解決です。

地域の課題を解決に導くための「提案ができる」ことこそが、自治体ビジネスで数字を上げていく最も重要なスキル。自治体側にとってはどんなに頭を下げられても、地域課題の解決に役に立たないのであれば、単なるセールス会社としか受け止めてもらえません。

もし自治体市場で中長期的に売上を上げていきたいのであれば、自治体の仕事を「ください」ともらう下請け業者ではなく、一緒に課題解決を目指すパートナーとして信頼されるポジション確立を目指しましょう。

ここで留意すべきは、パートナーとしての信頼は決して営業担当者の属人的なコミュニケーションでは構築できないという点です。ここが民間ビジネスとの大きな違い。「自治体の課題解決に役立つ情報やソリューションを提供できること」――この一点でのみ信頼関係は実現し得るのです。

最初の一歩を踏み出す2つの方法

こうしたパートナーシップの構築は、いままで紹介してきたプロセスに沿って業務を受注し積み重ねていくのが基本です。ただし、そこに至るまでの最初の一歩にはさまざまな方法があります。ここでは代表的な方法を2つ紹介しましょう。

① 調査研究事業の実施

自社の製品やサービスの事業領域に関する、さまざまな最新の研究内容を自主的に報告する方法です。研究過程で自治体職員に呼びかけて、意見をもらう場を「研究会」として開催してもよいでしょう。

例えば、あなたの会社が防災対策関連のビジネスを展開していたとしましょう。その場合は先進的な災害対策をしている自治体の担当職員をスピーカーとして招き、小規模でもよいので「自治体災害対策研究会」を開催する方法があります。参加者は自治体の防災関係の職員のみ。ゲストスピーチの後は参加者相互での意見交換会を設ければ参加の満足度も高まり、自治体職員との信頼関係も構築できるでしょう。

さらに研究会の成果は報告書としてアウトプットし、入手を希望する自治体と共有しましょう。こうした調査研究を実施することで、単なる民間事業者ではなく、その領域の調査研究情報が集まる大切な企業として扱われるようになります。また、報告書は営業ツールとしても非常に効果的です。初めて訪問する自治体などには特に、信頼を得るのに威力を発揮すること請け合いです。

② パイロット事業の実施

自社の製品やサービスを使って実施する地域課題の解決事業をパイロット事業として自治体に提案し、期間限定で実施するという方法もあります。パイロット事業とは、規模の小さな事業を試しにやってみて成果を検証すること。自治体との実証実験だとお考えください。

パイロット事業の段階では、コストは民間企業の持ち出しです。ただ、これも戦略のうち。パイロット事業の進捗に合わせてプレス発表などの広報活動と連動させると、自治体市場での信頼向上に結びつけることができ、他の自治体へのアプローチがしやすくなります。

包括連携協定の締結や官民連携提案制度などを利用しつつ、実現に向けた活動を進めるのがよいでしょう。

＊＊＊

最後に改めてお伺いしましょう。

皆さんの企業にとって自治体ビジネスとは、経営的にどのような意味を持つものでしょうか？

もちろん変化の激しい民間ビジネスとは別に、安定的に受注できる事業の柱として育てたい。そんな考え方をお持ちの方も多いでしょう。

ここで紹介したいのが昨今注目されているCSV（Creating Shared Value）経営です。

CSVとは、2011年にハーバードビジネススクールの教授であるマイケル・E・ポーター氏とマーク・R・クラマー研究員が発表した論文“*Creating Shared Value*”（邦題『経済的価値と社会的価値を同時実現する共通価値の戦略』）で提唱された概念です。市場経済のメカニズムを生かし、ビジネスの力で社会問題や環境問題などにかかわる社会的課題に取り組み、社会価値と企業価値を両立させることをいいます。

同じような考え方でCSR（Corporate Social Responsibility）がありますがCSVとは似て非なるもの。CSRによる社会貢献は、例えば製造業がまちの清掃活動を行ったり、IT企業が発展途上国の子供たちの支援をしたりというように、必ずしもその企業の本業とは関連しないケースも多く見受けられました。

こうした活動はもちろん大変尊いものですが、ひとたび景気が下降線を辿ると企業にとって経営負担になり活動が休止することも。つまり、社会課題の取り組みが企業の利益に必ずしも結びつかないことが、CSR活動の課題でもありました。

一方、CSVは「社会課題の解決と利益の創造の両立」という考え方。社会的な課題を自社の本業が持つ強みで解決することで、企業の利益や競争力を高め、持続的な成長へとつなげていく差別化戦略そのものといえます。

本書で綴ってきた自治体ビジネスは何から始まるものでしたか？　そう、課題の解決です。

全国の地方自治体がそれぞれ抱えている地域の課題を解決することが、すべての自治体ビジネスの出発点であり、機会でもありますよね。

もうお気づきでしょう。自治体ビジネスに取り組むことそのものが地域課題を解決することになり、同時に企業にとっては利益の創造が実現する――これはまさにCSV経営そのものといえるのではないでしょうか。

自治体ビジネスの市場は、企業が力を発揮するだけで持続可能な競争力を高めていくことができる唯一無二の市場です。

激動の社会情勢のなか、ぜひともこの市場のプレイヤーとして縦横無尽に活躍し、自社の提供価値を磨き上げてください。そして民間ビジネスの市場でも戦い抜くことができる、何物にも変えがたい競争力をつけてください。

それは同時に、我が国で生活を営む多くの人々の幸せに、そしてめぐりめぐってあなたのご家族やあなた自身の暮らしの幸せに、必ず結びつくことでしょう。

付録

官庁に営業に行こう

官庁（中央省庁）の案件獲得にもチャレンジしたい。そんな方のために官庁営業のポイントを付録としてまとめました。地方自治体と官庁とでは、同じ役所でも営業活動のルールやポイントが若干違いますので、その点を踏まえて解説します。

付録1　官庁営業の基礎知識

公営企業や官庁の担当者と商談するときのアプローチ方法

官庁といえば、一般的には内閣府や防衛省などの中央省庁を指します。そのほかにも、独立行政法人、特殊法人などといった形態もありますが、この付録では、中央省庁への営業の仕方について、主に解説していきましょう。

自治体へのビジネスアプローチ方法と官庁へのビジネスアプローチ方法は、双方とも法律に則っていますので基本的には変わりません。また、独立行政法人や特殊法人は一つの法人で完結していますので、自治体へのビジネスアプローチと同じです。

中央省庁においては、自治体の財政課に当たるところは財務省となります。ただし、中央省庁は、一つひとつが巨大なので、各省庁で独立して調達を行っています。また、来年度の予算化が自治体より早くなっています。

中央省庁の1億円を超える大きな案件は、おおよそ入札の3～4年前から、現状納品している物品や役務の課題や今後の方向性を提案しながら、ビジネスとして形を作っていきます。自治体営業と同じく、息の長いビジネスです。

中央省庁とのアポイントメントのとり方

昔と違って、いまでは中央省庁は入室が厳しく、アポイントがないとビル内に入ることができません。秘匿業務の多い外務省や防衛省等の省

■行政改革レビューシートの例

※平成31年以降の表記は、新元号に読み替えることとする。　　**事業番号**　0171

平成３１年度行政事業レビューシート（　　内閣府　　）

事業名	クールジャパン戦略推進経費			担当部局庁	知的財産戦略推進事務局	作成責任者
事業開始年度	平成２７年度	事業終了（予定）年度	終了予定なし	担当課室	-	参事官　中野　岳史
会計区分	一般会計					
根拠法令（具体的な条項も記載）	-			関係する計画、通知等	知的財産推進計画2019（R1.6.21）、知的財産戦略ビジョン（H30.6.12）、経済財政運営と改革の基本方針2019」（骨太方針2019）（R1.6.21閣議決定）	
主要政策・施策	クールジャパン			主要経費	その他の事項経費	
事業の目的（目指す姿を簡潔に。3行程度以内）	ゲーム・マンガ・アニメといったコンテンツ、ファッション、日本食、伝統文化、デザイン等、外国人にとって「クール（かっこいい）」と受け取られる日本の魅力を世界に向けて総合的かつ効果的に発信し、日本の魅力に対する認知度を向上させるとともに、官民、異業種間の連携の強化を図ることにより、インバウンド・アウトバウンドの活性化を後押しすることを目的とする。					
事業概要（5行程度以内。別添可）	クールジャパン担当大臣等の海外出張を活用したクールジャパン発信イベント、クールジャパン戦略の推進に資する調査・検討、「クールジャパン官民連携プラットフォーム」の運営等を実施する。					
実施方法	委託・請負					

予算額・執行額（単位：百万円）

		28年度	29年度	30年度	31年度	32年度要求
予算の状況	当初予算	60	60	58	56	96
	補正予算	131	20	-	-	
	前年度から繰越し	-	-	20	-	-
	翌年度へ繰越し	-	▲ 20	-	-	
	予備費等	-	-	-	-	
	計	191	60	78	56	96
執行額		173	49	57		
執行率（%）		91%	82%	73%		
当初予算＋補正予算に対する執行額の割合（%）		91%	61%	98%		

平成31・32年度予算内訳（単位：百万円）

歳出予算目	31年度当初予算	32年度要求	主な増減理由
庁費	31	35	○「新しい日本のための優先課題推進枠」：45百万円
職員旅費	12	10	
諸謝金	8	46	
委員等旅費	5	5	
計	56	96	

成果目標及び成果実績（アウトカム）

定量的な成果目標	成果指標		単位	28年度	29年度	30年度	中間目標 - 年度	目標最終年度 - 年度
-	-	成果実績	-	-	-	-	-	-
		目標値	-	-	-	-	-	-
		達成度	%	-	-	-	-	-

根拠として用いた統計・データ名（出典）	-

成果目標及び成果実績（アウトカム）欄についてさらに記載が必要な場合はチェックの上【別紙1】に記載　チェック

庁のセキュリテイは昔から厳しかったのですが、いまはどの省庁もアポイントがないと受付で拒否されます。「ご挨拶に来ました」では受付突破はできません。

そのため、アポイントのとり方としては、中央省庁出身者のOBやOGにアポイントをとってもらい一緒にビル内に入る方法などがあります。

また、中央省庁の予算に関する情報として、「行政改革レビューシート」（前ページ参照）などの公開情報があり、これらの情報を基に関連部署にアポイントをとって面談するやり方もあります。

行政計画レビューシートとは、各省庁が5000を超える国のすべての事業について、概算要求前に、前年度の執行状況（支出先や使途）等の事後点検を行い、事業内容や目的、成果、資金の流れ、点検結果などを書いて、公表するものです。

行政計画レビューシートには担当の部署、責任者が記載されています。まずはここに記載されている人からアポイントをとりましょう。官庁が公開した情報は説明責任がありますので、レビューシートに記載されている事項についての情報交換やヒアリングなどを申し入れるようにします。

付録2　官庁の調達スケジュールとアプローチポイント

官庁に訪問をしても、もちろんすぐに自社の商品を購入してもらうことはできません。自治体と同じように、前年度予算化された物品や役務で、入札や随意契約でビジネスが始まります。地方自治体では財政課が予算をまとめますが、官庁においてはその役割は財務省です。

ただし各官庁が巨大なので、10億円以上の案件は財務省（IT関係の場合は各官庁のCIO補佐官）が絡みますが、それ以下なら各官庁の担当課や会計課との折衝で済みます。官庁の調達スケジュールを順に説明すると、以下のようになります。

1 4月から5月のスケジュール

各官庁が来年度必要な予算を財務省に要求する「概算要求」の本格作業が始まります。次年度のざっくりとした予算要求で増減するものの、施策などを盛り込むための資料とするため、官庁は各社から見積もりをとったりして、新規事業化の予算を考えます。また行政計画レビューシートをもとに、実施内容や課題をヒアリングします。

営業のアプローチポイント

① ビジネスのターゲットを選定します。

② 各官庁の担当者の意図に沿った、採用されやすい提案や金額での見積もりを作成します。定価ベースで積算し、科目に合わせた項目立てをして、事業総額を明記します。

③ 行政計画レビューシートについて内容を精査し、官庁の担当者からヒアリングをします。

2 6月から7月のスケジュール

各官庁の部局で要求枠の絞り込みをします。7月下旬には「予算の概算要求に当たっての基本的な方針」が閣議決定され、各官庁に対しての方針が出されます。これをもとに各省庁が8月末を目指して概算要求書を作成します。基本方針では、政府がどこに力を入れているか、またどこの無駄を省くか明記しています。

各官庁の担当者からは、営業に来た民間企業に対して、事業の必要性と目的を訴える説明を求められます。そのため、新規事業の予算獲得のための計画案の作成を考え、予算獲得用提案書を作成し提出します。

また、それ以外にも、官庁の担当者に事業化の必要性と目的と必要経費を明らかにするとともに、各官庁の課題、提案ポイント、自社の独自性を明確にします。アプローチポイントは下記の通りです。

アプローチポイント

① 予算を獲得して事業化を推進するための提案活動をこちら側から行います。

② 概算見積もりなどの再提出を依頼されることもありますが、きちんと応じるようにしましょう。

③ 導入支援経費や保守業務の内容などを事前に了解してもらうなど、漏れをなくします。

④ 実際に商品を見てもらったり、システムのデモを実施します。

3 8月から9月のスケジュール

「予算の概算要求に当たっての基本方針」をもとに各官庁が要求書を作成し、8月末に財務省へ提出します。

アプローチポイント

① 要求書の中に自社が提案した案件が入っているか確認します。
② 見積もりの再提出を依頼されることもありますが、面倒くさがらず対応しましょう。

官庁の職員の机の上や回りは書類で埋もれています。受け取った書類をどこかに置いてしまい見つからないときなどには、何回も見積もり依頼があります。決して「以前渡しましたから探してください」とは言わないでください。その瞬間、提出した見積もりの案件は他社に流れます。

4 10月から11月のスケジュール

財務省の予算査定作業が本格化します。

アプローチポイント

① 財務省から予算の削減要求が出され、削減された予算内に収めるようにしてほしいとの要求が出ることもあります。
② 提出した提案書をもとに自社の優位点を説得力のある「建前としての評価項目」に結びつけた入札仕様案を提出します。特に「自社の優位項目」と「建前としての評価項目」の紐づけに重点を置いてください。

例えば、自社の機器の消費電力量が2.6kWhで他社が3.0kWhとします。この場合、自社の優位点は消費電力量です。

官庁では、地球温暖化対策のために温室効果ガスの総排出量削減の目標を具体的数値で出しています。これを「建前としての評価項目」にしてもらうのです。誰も温室効果ガスの総排出量削減には文句を言えません。そこで、入札仕様案に、消費電力が一番低い自社の機器の優位点が評価される仕様として提出します。

5 12月から1月のスケジュール

12月末に来年度予算政府案が閣議決定され、各官庁にも内示されます。1月からは、国会予算審議と執行計画作成が行われます。

アプローチポイント

① 内示を受けた予算内で実際に執行する計画書作成のために、また、予定価格を設定するために見積もりを再徴取します。漏れがないようにしてください。

② 前回提出した仕様案をもとに、自社に優位な仕様案を調達仕様書の構成で作成し、提出します。

③ 入札仕様案が物品で、機種指定などを完全に固められるなら、一般競争入札で進められますが、役務業務や提案を重視するなら総合評価落札方式を提案します。ただし、評価項目は大義名分に沿いつつも、自社の優位点を納得してもらえるように提案します。

6 2月から3月のスケジュール

国会で予算が成立したら、各官庁は調達作業を始めます。また、この時期になると人事異動でいままでの経緯を知らない担当者に変わってしまうこともあります。新任担当者は4月1日から赴任してきますので、前任者の仕事を引き継いでいるか確認しましょう。

アプローチポイント

① 入札のための積算価格等に使用するため、各官庁が複数社から見積もりを徴取します。

② オプションや保守費等の漏れがないように金額を算出します。

7 翌年度４月以降のスケジュール

いよいよ入札になります。前にも述べたように、４月１日の異動でいままでの経緯を知らない新任の担当官が赴任してくることもあります。新任の担当官には、いままでの商談の経緯をまとめて、こちら側で引継書を作成し提出および説明をします。

商談の内容によって、一般競争入札か総合評価方式か企画提案方式のどちらかを提案します。物品だけで差別化が困難な場合は役務をつけるなどして、自社に優位となるような総合評価方式を提案してみましょう。

付録3　全省庁統一資格申請のやり方 ～官庁にエントリーしよう～

中央省庁などの官庁とビジネスをするときにも、地方自治体と同様に企業として登録する手続きが必要です。これを「官公需契約」といい、地方自治体のケースと同じように「事業者登録」と呼ばれることもあります。

営業活動は、官公需契約が終了してから開始するのが無難でしょう。官公需契約の種類は下記の３つです。

- コピー用紙、文具、電池、土嚢、洗剤、オフィス家具、災害備蓄品など事務用品や制服等を購入する「物品等の調達」
- 人材派遣、コールセンター、印刷、警備、清掃、システム開発、調査、研修、パンフレット作成、ウェブサイト作成、イベント企画などをする「役務契約」
- 道路工事、下水道工事、橋梁の建設、河川整備などの「工事契約」

事業者登録の進め方

事業者登録は、次のフローで進めましょう。

① 競争参加資格審査申請

申請書の様式は、各官庁の窓口か統一資格申請サイトから入手します。この資格申請は、どこか１つの官庁に提出すれば全官庁に対して有効です。ただし、独立行政法人、特殊会社は法人ごとの申請になります。

営業品目も申請します。官庁の場合は、営業品目の登録数に制限はありません。ただし、許認可、資格、自社の定款の範囲内での登録になります。

例えば、自社には「第１種貨物利用運送事業」の認可がなく、定款にも「引っ越し業務」がない場合は、引越業務の登録はできません。

自社の定款や、許認可について、総務部門やコンプライアンス部門に確認しておきましょう。

② 等級区分の決定

申請書は、①年間生産高・売上高、②自己資本額、③流動比率、④営業年数、⑤設備の額の実績を点数化して審査しＡ～Ｄの等級に区分されます。

官庁は自治体とは業者登録の方法が少し違いますが、審査後、入札参加資格を認められた会社はＡ、Ｂ、Ｃ、Ｄという等級区分が与えられます。

入札公告や入札仕様書に今回の等級区分はＡ、ＢおよびＣなどと記載されています。等級区分がＡと記載している入札にランクＢ、Ｃの会社は応札できません。

あくまで目安ですが、各ランクは次のようなものです。

- 従業員がおよそ500人以上の大企業がＡ
- 従業員がおよそ200～500人の企業がＢ
- 従業員がおよそ200人以下の企業がＣ
- 従業員がおよそ10人以下の文具屋等の企業がＤ

これによって、100万円程度の金額の少ない案件では大企業が入札できないようになっており、零細、中小企業の保護、育成につながります。また、数十億円の大きな案件では、品質を担保できない中小企業がむやみな参加をさせないようにします。

次に「営業品目」についてです。

営業品目とは、官公庁が民間企業から商品を購入したり役務の提供を

■営業品目一覧

【営業品目（物品の製造）】

営業品目名称	コード	営業品目名称	コード	営業品目名称	コード
衣服•その他繊維製品類	101	その他輸送・搬送機械器具類	111	その他機器類	121
ゴム・皮革·プラスチック製品類	102	船舶類	112	医薬品・医療用品類	122
窯業・土石製品類	103	燃料類	113	事務用品類	123
非金属類・金属製品類	104	家具・什器類	114	土木・建設・建築材料	124
フォーム印刷	105	一般・産業用機器類	115	警察用装備品類	127
その他印刷類	106	電気通信用機器類	116	防衛用装備品類	128
図書類	107	電子計算機類	117	その他	129
電子出版類	108	精密機器類	118		
紙・紙加工品類	109	医療用機器類	119		
車両類	110	事務用機器類	120		

【営業品目（物品の販売）】

営業品目名称	コード	営業品目名称	コード	営業品目名称	コード
衣服·その他繊維製品類	201	その他輸送・搬送機械器具類	211	その他機器類	221
ゴム・皮革・プラスチック製品類	202	船舶類	212	医薬品・医療用品類	222
窯業・土石製品類	203	燃料類	213	事務用品類	223
非金属類・金属製品類	204	家具・什器類	214	土木・建設・建築材料	224
フォーム印刷	205	一般・産業用機器類	215	警察用装備品類	227
その他印刷類	206	電気通信用機器類	216	防衛用装備品類	228
図書類	207	電子計算機類	217	その他	229
電子出版類	208	精密機器類	218		
紙・紙加工品類	209	医療用機器類	219		
車両類	210	事務用機器類	220		

【営業品目（役務の提供）】

営業品目名称	コード	営業品目名称	コード	営業品目名称	コード
広告・宣伝	301	ソフトウェア開発	306	車両整備	311
写真・製図	302	会場等の借り上げ	307	船舶整備	312
調査・研究	303	賃貸借	308	電子出版	313
情報処理	304	建物管理等各種保守管理	309	防衛用装備品類の整備	314
翻訳・通訳・速記	305	運送	310	その他	315

【営業品目（物品の買受け）】

営業品目名称	コード
立木材	401
その他	402

受けるとき、商品や役務のカテゴリについての体系分けのことをいいます。

あらかじめ取引が予想される品目について登録しておきましょう。登録営業品目外の入札や契約はできません。

③ 資格審査結果の通知・登録

資格審査結果通知書により申請者本人に通知されます。資格等級は、全省庁統一の名簿に登録されます（「全省庁統一資格」）。全省庁統一資格は３年間有効です（工事は最長２年間）。

あとがき

前著『地方自治体に営業に行こう!!』（実業之日本社）を2014年に出版してから、５年以上がたちました。

多くの自治体営業担当者の方に手に取っていただき、「とてもわかりやすく、参考になりました」「担当者全員に、基本書として読ませています」といった声が届き、「ああ、皆さまのお役に立てて本当によかった」と嬉しい気持ちになりました。

一方で、「プロポーザルや入札にチャレンジしたものの、なかなか勝てない」などの具体的な悩みも、頻繁に耳にするようになりました。

営業に携わる者として、こんなに悔しいことがあるでしょうか。

このような声を聞くたびに、プロポーザルの企画提案書を徹夜しながら必死に書いたものの負け続け、気持ちががっくり折れることを繰り返していた、かつての自分の姿と重なるのです。

本書は、入札やプロポーザルで勝利する喜びを、一人でも多くの頑張る自治体営業担当者さんにお届けしたい――そんな想いで、私たちが持つ知識やノウハウを出し惜しみせずに書きました。

それとともにもう一つ。お世話になっている全国の自治体職員さんのことを好きすぎる私がどうしても書きたかったのは、「自治体職員バッシングへの警鐘」と「自治体の各部署のお仕事紹介」です。

陰で私たちの生活を支えてくれている自治体職員さんへの理解が少しでも深まる一助となればと願っています。

最後になりましたが、本を出すまでの苦楽を共にした、もう一人の執筆者である川畑隆一さん。

示唆に富んだアドバイスをくださった、株式会社ナイスクの松尾喬会長。

足掛け２年にわたり粘り強く出版にお力添えいただいた編集担当の細野淳さん。

心よりお礼申し上げます。

そして、長年仕事を通じて私を育ててくださった全国の自治体職員の皆さんへ。

本当にありがとうございました。

2020年２月

古田智子

『民間企業が自治体から仕事を受注する方法』はいかがでしたでしょうか？

本書をお読みになって、「自社の業界の場合はどう進めればいいのだろう？」などといった疑問が出てきた方へ。どんな些細なことでも大丈夫ですので、以下のサイトからご遠慮なくお尋ねください。

【株式会社LGブレイクスルー　お問い合わせ】

https://www.b2lg.co.jp/official/contact/

また、紙幅の都合上、本文ではどうしても詳しく書けなかったところもあります。

本書を読んで自治体ビジネスについてさらに知りたいと思われた方は、ウェブメディア「自治体ビジネスドットコム」にアクセスしてみてください。

本書でご紹介しきれなかった自治体営業の現場の具体的な事例や、活動の細かいポイントなどを紹介しています。

【自治体ビジネスドットコム】

https://jichitai.biz/

古田智子（ふるた　ともこ）
(株)LGブレイクスルー代表取締役。1990年慶應義塾大学文学部史学科卒。流通業、建設コンサルタント業を経て、1998年に総合コンサルティング会社入社、トップ営業に。コンサルタントとしても中央省庁や自治体受託業務の案件獲得活動から受託後のプロジェクトマネジメントまで一貫して携わり、多岐にわたる領域の官公庁PPP案件事業に従事。自治体職員の人材育成も数多く手掛ける。
2013年2月、(株)LGブレイクスルー創業。企業と自治体が対等なパートナーとして連携し解決を図る社会の実現をミッションとし、官公庁案件の勝率を高める我が国唯一のソリューション事業を展開。企業研修実績、コンサルティング実績も多数。
著書に『地方自治体に営業に行こう!!』(実業之日本社)がある。

川畑隆一（かわばた　りゅういち）
(株)LGブレイクスルー コンサルティング事業部長。1954年東京都生まれ。立教大学卒業。コンピュータシステムの直売営業で(株)リコーに入社。その後、部門長や関連会社の役員を経て、官公庁部門の責任者として全体を統括。
現在は、(株)LGブレイクスルーのコンサルティング部門の責任者として活動している。官公庁ビジネスの法律などの知識が豊富なだけでなく、営業の現場で起こった事象やトラブルを解決する実践力も高い。
著書に『入札で勝つ方法』(ブイツーソリューション)など。

アプローチから企画提案・入札まで
民間企業が自治体から仕事を受注する方法

2020年3月10日　初版発行
2022年8月1日　第2刷発行

著　者　古田智子 ©T.Furuta 2020
　　　　川畑隆一 ©R.Kawabata 2020
発行者　杉本淳一

発行所　株式会社日本実業出版社　東京都新宿区市谷本村町3−29 〒162-0845
編集部 ☎03-3268-5651
営業部 ☎03-3268-5161　振　替　00170−1−25349
https://www.njg.co.jp/

印刷／理想社　　製本／共栄社

この本の内容についてのお問合せは、書面かFAX（03−3268−0832）にてお願い致します。
落丁・乱丁本は、送料小社負担にて、お取り替え致します。

ISBN 978-4-534-05765-5 Printed in JAPAN